Corrado Conforti · Linda Cusimano

Linea diretta 2

Corso di italiano a livello medio

Guerra Edizioni

5. 4. 3. 2.
2004 2003 2002

1. Edizione

Redazione: Giovanna Rizzo
Copertina: Zembsch' Werkstatt, München
Disegni: Monika Kasel, Düsseldorf (escluse le pp. 37, 108, 119, 149, 179)
Layout: Caroline Sieveking, München
Fotocomposizione e litografie: Royal Media Publishing, Ottobrunn

Stampa: Guerra guru s.r.l. - Perugia
Printed in Italy
ISBN 88-7715-405-5

Indice

LEZIONE 6 Non so che dirLe! pag. 77

Ascolto:

Non so che dirLe!

Letture:

Non ci fanno giocare
Luciano De Crescenzo, *Così parlò Bellavista*

Intenzioni comunicative

presentare una richiesta; lamentarsi; chiedere comprensione; scusarsi; promettere di fare qualcosa

Elementi morfosintattici

l'**uso del congiuntivo** per esprimere un'opinione, un'impressione, un desiderio, una necessità e per fare un'esortazione; la forma **non è che** seguita dal congiuntivo; uso dell'infinito in una subordinata avente lo stesso soggetto della principale

LEZIONE 7 Mio figlio come al solito pag. 86

Ascolto:

Mio figlio come al solito

Letture:

Si baciano in classe, sospesi dal preside
In vacanza? No, vado a lavorare!

Intenzioni comunicative

lamentarsi; rimproverare; esprimere la propria opinione; convenire

Elementi morfosintattici

uso di **mentre** e **durante**; il **condizionale passato**; la particella **ci** per esprimere i complementi di compagnia e di mezzo; il **congiuntivo presente** dei verbi irregolari; la congiunzione finale **perché**; il verbo **toccare** nel significato di **essere obbligato**; il verbo **cavarsela**

LEZIONE 8 Ma perché non prendi l'autobus? pag. 104

Ascolto:

Ma perché non prendi l'autobus?

Letture:

«Se vinco cambio l'auto»
Firenze, auto 'razionate'

Intenzioni comunicative

confrontare polemicamente la situazione dell'altro con la propria; riconoscere le ragioni dell'altro; consigliare; negare enfaticamente le conclusioni dell'altro; presentare gli svantaggi del comportamento dell'altro

Elementi morfosintattici

i pronomi dimostrativi **coloro che**, **quelli che**, **chi**; il **congiuntivo imperfetto**; il **periodo ipotetico della possibilità**; uso di **quanto** in un'esclamazione; uso del congiuntivo in una comparativa; l'**infinito passato** in una temporale preceduta dalla congiunzione **dopo**

LEZIONE 9 Ancora segui le diete? pag. 116

Ascolto:

Ancora segui le diete?

Letture:

La cucina delle stelle
Piccolo galateo della salute
La colazione del manager

Intenzioni comunicative: motivare attraverso un'esagerazione le proprie decisioni; promettere; annunciare la propria decisione; irridere il comportamento dell'altro; rimproverare; minacciare

Elementi morfosintattici: i verbi **avere bisogno** e **occorrere**; il **futuro anteriore**; la **proposizione comparativa** con *tanto ... quanto ...*; uso dell'avverbio **mica**; uso del **condizionale passato** per esprimere l'idea di un futuro nel passato

LEZIONE 10 L'importante è che si sposi! pag. 127

Ascolti:

L'importante è che si sposi!
Intervista a D. Maraini

Letture:

Quanto costa sposarsi
Susanna Tamaro, *Va' dove ti porta il cuore*

Intenzioni comunicative: richiamare un argomento conosciuto da entrambi gli interlocutori; scongiurare enfaticamente un argomento sgradevole; chiedere e fornire informazioni

Elementi morfosintattici: il **passivo** con *andare*; la forma **l'importante è che** + **congiuntivo**; il **passato remoto**; il **gerundio passato**

LEZIONE 11 C'è stato un furto pag. 139

Ascolti:

C'è stato un furto
La Ballata del Cerutti

Letture:

Bimbo digiuna e i ladri gli restituiscono il cagnolino
Come difendersi dai ladri
Patrizio, mago dello scippo a 11 anni

Intenzioni comunicative: riferire; confermare; esprimere preoccupazione

Elementi morfosintattici: gli aggettivi in **-bile**; il prefisso negativo **in-**; alcune espressioni e congiunzioni che richiedono il congiuntivo; la **concordanza** dei tempi con il congiuntivo

LEZIONE 12 Ma sei sempre raffreddata? pag. 152

Ascolto:

Ma sei sempre raffreddata?

Letture:

Dino Buzzati, *Il medico ideale*
L'altra medicina
Guerra allo stress

Intenzioni comunicative
raccontare; esprimere timore; esprimere insoddisfazione; cercare di convincere

Elementi morfosintattici
le costruzioni enfatiche **mai** + il **congiuntivo** e **mai** + l'**infinito**; la concordanza fra il congiuntivo e il condizionale; uso del congiuntivo in una proposizione relativa limitativa; la **forma ipotetica** con il congiuntivo imperfetto del verbo **dovere** + **il futuro**

LEZIONE 13 Se me l'avessi detto prima ... pag. 165

Ascolti:

Se me l'avessi detto prima ...
Pareri sulla TV

Letture:

Gabriele Romagnoli, *Non fermate Tardelli*
Carlo Goldoni, *La Locandiera*

Intenzioni comunicative
rammaricarsi; rimproverare; respingere un rimprovero; rimarcare l'insistenza dell'altro; giustificarsi; presentare la soluzione di un problema; accogliere la soluzione

Elementi morfosintattici
il **periodo ipotetico della irrealtà**; la **proposizione concessiva** con **benché**; la combinazione dei pronomi oggetto diretto con la **particella locativa ci**

LEZIONE 14 Ma è roba da matti! pag. 178

Ascolto:

Ma è roba da matti!

Letture:

Fumano nel vagone e il treno si ferma
Ciascuno paghi per la sua parte
Dieci regole d'oro per un comportamento educato
Giuseppe Tomasi Di Lampedusa, *Il Gattopardo*

Intenzioni comunicative
sottolineare l'inevitabilità di una situazione; accennare a un fatto che ha rischiato di prodursi; mostrare stupore per la gravità di un fatto; esprimere stupore per un comportamento scandaloso

Elementi morfosintattici
la forma **c'è mancato poco che** + **congiuntivo**; il **discorso indiretto**

SIMBOLI:

 Testo su cassetta

32 Testo su CD ...

Ricominciamo!

ASCOLTO

Andrea Boscagli da alcuni anni si è trasferito in Germania.

a. Ascoltate l'intervista e poi consultatevi con un compagno.

b. Mentre riascoltate l'intervista, provate a formulare almeno sette domande su Andrea. Per esempio:

Da quanto tempo abita a Monaco Andrea?

c. Adesso giocate con un secondo compagno. Fatevi a turno le domande che avete preparato. Attenzione: una domanda già fatta da uno studente non può essere ripetuta dall'altro!

E ADESSO TOCCA A VOI!

Conoscete uno straniero che vive nel vostro paese? Conoscete qualcuno che vive all'estero? Presentatelo ai vostri compagni o scrivete una breve biografia su questa persona.

③ LETTURA

Questo brano è tratto da *Camere separate* (1989) di Pier Vittorio Tondelli (Correggio 1955–1991). All'inizio del romanzo Leo, il protagonista, durante un viaggio in aereo, riflette su se stesso e sul suo modo di vivere.
Leggete il testo e poi rispondete alle domande.

Un giorno, non molto distante nel tempo, lui si è trovato improvvisamente a specchiare il suo viso contro l'oblò di un piccolo aereo in volo fra Parigi e Monaco di Baviera.

(...) l'immagine che vedeva contro quello sfondo acceso era semplicemente il viso di una persona non più tanto giovane, con pochi capelli fini in testa, gli occhi gonfi, le labbra turgide e un po' cascanti (...)

Solo qualche mese fa ha compiuto trentadue anni. È ben consapevole di non avere un'età comunemente definita matura o addirittura anziana. Ma sa di non essere più giovane. I suoi compagni di università si sono per la maggior parte sposati, hanno figli, una casa, una professione più o meno ben retribuita. Quando li incontra, le rare volte in cui torna nella casa dei suoi genitori, nella casa in cui è nato e da cui è fuggito con il pretesto degli studi universitari, li vede sempre più distanti da sé. Immersi in problemi che non sono i suoi. Sia i vecchi amici, sia lui, pagano le tasse, fanno le vacanze estive, devono pensare all'assicurazione dell'automobile. Ma quando si trovano occasionalmente a parlarne lui capisce che si tratta di incombenze del tutto differenti (...) lui si sente sempre più solo, o meglio, sempre più diverso. Ha una disponibilità di tempo che gli altri non hanno. E questo è già diversità. Svolge una professione artistica che anche i suoi cosiddetti colleghi svolgono ognuno in un modo differente. Anche questo accresce la sua diversità. Non è radicato in nessuna città. Non ha famiglia, non ha figli, non ha una propria casa riconoscibile come il "focolare domestico". Una diversità ancora. Ma soprattutto non ha un compagno, è scapolo, è solo.

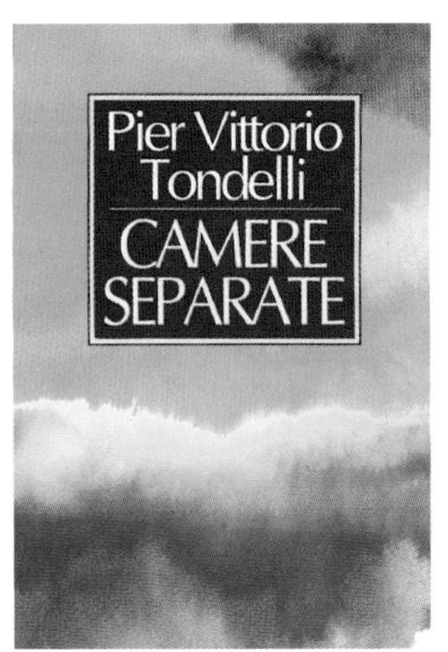

a. Che cosa ha in comune Leo con i suoi amici?

____

____

____

b. In che cosa si differenzia Leo dai suoi amici?

____

____

____

④ ESERCIZIO

a. Cercate nel testo le parole o le espressioni (in ordine di apparizione) che corrispondono alle seguenti.

lontano ______________________________

sa bene ______________________________

ben pagata ______________________________

compiti ______________________________

completamente ______________________________

non sposato ______________________________

b. Cercate nel testo il plurale delle seguenti parole e trascrivetelo premettendo l'articolo.

l'occhio ______________________________

il labbro ______________________________

lo studio ______________________________

il problema ______________________________

il collega ______________________________

I capelli possono essere: lisci, ricci, ondulati, neri, biondi, castani, rossi, bianchi, brizzolati. (Chi non ha capelli è calvo.)
La fronte può essere: alta, bassa ...
Gli occhi possono essere: chiari, scuri, azzurri, neri, verdi ...
Le labbra possono essere: sottili, carnose.

5

ESERCIZIO

Ha i capelli corti, la fronte alta, gli occhi chiari, le labbra sottili, il collo lungo. Chi è?
Adesso descrivete gli altri.

6

E ADESSO TOCCA A VOI!

Che cosa vi accomuna ai vostri amici nel vostro modo di vivere e nelle vostre abitudini? In che cosa siete diversi? Scrivete un piccolo resoconto o parlatene con un compagno.

Tutte a te capitano!

QUESTIONARIO

Guido racconta una disavventura di qualche giorno prima.

a. Che cosa aveva in tasca Guido quando è entrato dal gioielliere?

un portasigarette ❑
un mazzo di chiavi ❑
un coltello ❑
un accendino ❑

b. Guido dal gioielliere voleva far riparare

l'orologio. ❑
la catenina. ❑
l'anello. ❑

c. Come ha capito Guido che nel negozio c'era un rivelatore di metalli?

Perché si è accesa una luce. ❑
Perché ha sentito una sirena. ❑
Perché ha sentito suonare una campana. ❑

d. Quando Guido ha voluto mostrare quello che aveva in tasca, il gioielliere

ha chiamato la polizia. ❑
ha preso una pistola. ❑
è scappato. ❑

e. Quando tutto si è chiarito, Guido e il gioielliere sono andati in un

__________ per ____________________________.

DIALOGO

- ■ Allora, Guido, com'era quella storia che stavi raccontando ieri?
- ● Quale? Quella del gioielliere?
- ■ Sì, perché io me ne sono andata proprio mentre la raccontavi.
- ● Sì, niente, è successo che la mia catenina, sai, quella che ho sempre al collo ...
- ■ Quella con la madonnina?
- ● Esattamente quella. Si è rotta e allora io sono andato da un gioielliere per farla riparare. E sai com'è adesso? I gioiellieri, come le banche, hanno una doppia porta.
- ■ Certo.
- ● Allora io ho suonato e il gioielliere m'ha aperto la prima porta. Io sono entrato, la prima porta si è chiusa e io stavo per aprire la seconda porta, quando improvvisamente una campana, un campanello, ha cominciato a suonare.

Io **me ne sono andata** proprio mentre tu la **raccontavi**.

ESERCIZIO

Ripetete il dialogo secondo il modello.

> storia – tu raccontare – del gioielliere – io andarmene
>
> □ Allora, com'era *quella storia* che *stavi raccontando*?
> ○ Quale? *Quella del gioielliere*?
> □ Sì, io *me ne sono andata* proprio mentre *tu la raccontavi*.

a. trasmissione radiofonica – tu ascoltare – sui giovani – io andarmene
b. documentario – voi guardare – sulla Sardegna – noi uscire
c. dolce – Maria e Giulia preparare – con le noci – noi andarcene
d. programma – tu guardare – su Telemontecarlo – io andare via
e. barzelletta – Sandra raccontare – dei due carabinieri – io rispondere al telefono

ESERCIZIO

Chi ripara cosa? Unite i sostantivi della prima colonna ai mestieri della seconda.

a. armadio	calzolaio
b. orologio	gioielliere
c. televisore	liutaio
d. anello	ottico
e. occhiali	meccanico
f. macchina	falegname
g. scarpe	orologiaio
h. violino	tecnico

La catenina **si è rotta** e io **sono andato** dal gioielliere per farla riparare.

5

ESERCIZIO

Fate dei dialoghi secondo il modello.

> catenina – con la madonnina – gioielliere
>
> ○ È successo che la mia catenina ...
> □ Quella con la madonnina?
> ○ Esattamente quella. Si è rotta e allora io sono andato da un gioielliere per farla riparare.

a. orologio – d'oro – orologiaio
b. radio – nera – tecnico
c. orecchini – con i coralli – gioielliere
d. occhiali da sole – di metallo – ottico
e. scrivania – di noce – falegname
f. chitarra – a 12 corde – liutaio
g. stivaletti – da cow-boy – calzolaio

Stavo per aprire la seconda porta
quando una campana **ha cominciato** a suonare.

6

ESERCIZIO

Fate delle frasi con *stare per* e *quando*.

a. uscire – scoppiare un temporale
b. mettersi a tavola – suonare il telefono
c. mettersi a letto – bambino cominciare a piangere
d. parcheggiare la macchina – (io) vedere arrivare un vigile
e. aprire la porta – (io) sentire un rumore dall'interno
f. accendere il televisore – andare via la corrente

1 4

7

DIALOGO

● Oh, tra l'altro io quel giorno non ero vestito molto bene perché avevo un giaccone blu da marinaio con il collo alzato ...
■ Ah, ah ...
● Avevo la barba lunga ...
■ Ohi, ohi!
● I capelli non proprio puliti, sporchi, se vuoi; e poi tra l'altro ero anche con gli occhiali da sole sul naso.
■ Oh, no!
● Allora naturalmente è chiaro che quello ha pensato ...
■ Ti ha preso per un rapinatore!

Non **ero** vestito molto bene.
Avevo un giaccone blu da marinaio.

8

ESERCIZIO

Ecco una foto della festa di Ferragosto nel club di vacanze dove Sandro, Marina, Anna e Fausto hanno trascorso due settimane. Sandro, il primo da sinistra, quella sera aveva un paio di bermuda a righe, una maglietta gialla, un cappello di paglia e gli occhiali da sole sul naso. Descrivete adesso gli altri.

9

E ADESSO TOCCA A VOI!

Chiedete ad un vostro compagno qual era il suo aspetto fisico l'ultimo Natale, il giorno di S. Silvestro, il primo giorno di lavoro, o in altre occasioni.

DETTATO

■ T'ha _________ ________?

● Sì, dopo sì, ma sai ____ _____ _____________, voglio dire, ____ _____ spaventato, ____ _____ spaventato quanto me, insomma.

■ Certo, è vero.

● Eh, niente. A quel punto _____ _________, ma ____ ______ _________ con la pistola in mano e io ____ ____ _____: «Guardi, ____ ________ metta via _________ pistola _________ Lei mi fa morire di paura.» E niente, sai, ____________ lì. Io _____ __________ come un lenzuolo, ____ _____ più bianco di me, e io gli ho detto: « __________, andiamo ____ _____, prendiamoci _______________!» E così tutti e due, più morti che vivi per lo spavento, __________ __________ ____ _____, ci siamo ________ un cognac, e poi insomma niente, la storia ____ __________ lì. Alla fine c'era ________ da ridere. Però la paura, __________, la paura ...

■ Madonna, Guido, ______ insomma, tutte a te capitano!

● ________ ___ ____. Incredibile!

Io ero bianco come un lenzuolo, lui era **più** bianco **di me**.
Io ero spaventato, lui era spaventato **quanto me**.
Tutti e due **più** morti **che** vivi siamo andati al bar.

11 ESERCIZIO

Completate le frasi con i colori necessari.

a. Dopo una settimana al mare, Hans è diventato ________ come un gambero.

b. Da bambino ero timidissimo. Se qualcuno mi parlava, diventavo subito ________ come un papavero.

c. Carla sta molto male, poverina. L'ho vista ieri ed era ________ come un limone.

d. Quest'anno, invece che a Rimini, sono andato in vacanza in Scozia. Quando ho rivisto i miei amici, loro erano ________ come il carbone, io invece ero ________ come una mozzarella.

12 ESERCIZIO

Fate delle frasi secondo il modello.

io – lui – bianco come un lenzuolo Io ero bianco come un lenzuolo, lui era più bianco di me. Io ero bianco come un lenzuolo, lui era bianco quanto me.

a. io – tu – stanco morto
b. lui – io – bagnato come un pulcino
c. io – lei – innamorato cotto
d. loro – noi – ubriaco fradicio
e. lui – tu – rosso come un peperone
f. lui – lei – magro come un chiodo
g. lui – loro – testardo come un mulo

13

ESERCIZIO

Rispondete secondo il modello.

○ Guarda che bella ragazza! (appariscente) △ Mah, secondo me è più appariscente che bella.

a. Quella tua amica è davvero intelligente! (furba)
b. Quel bambino è proprio stupido! (svogliato)
c. Non ho mai visto nessuno ordinato come Mario. (pignolo)
d. Bisogna dire che Roberto è davvero coraggioso. (imprudente)
e. Simpatico quel tuo amico! (brillante)
f. Questo vestito è molto elegante. (vistoso)
g. Maria è un amore, però è così timida! (riservata)

14

ESERCIZIO

Leggete ancora una volta i dialoghi e il dettato e poi decidete quali delle seguenti espressioni si usano per

e allora ... e così ... è successo che ... tra l'altro ... niente ...

○ cominciare a raccontare ______________________

○ continuare a raccontare ______________________

○ aggiungere particolari taciuti fino a quel momento ______________________

○ minimizzare e tranquillizzare ______________________

○ presentare una conseguenza che conclude la storia ______________________

E ADESSO TOCCA A VOI!

Raccontate a un compagno un fatto divertente, drammatico o imbarazzante che vi è capitato o che è capitato a qualcuno che conoscete.

LETTURA

3 agosto 1995

Cara Enrica
nella tua ultima lettera mi scrivi delle disavventure che ti sono capitate quando sei arrivata a Londra. Ti assicuro comunque che non sei la sola a cui succedono certe cose e anzi, per consolarti, voglio adesso raccontarti quello che m'è successo proprio l'altro ieri.
Dunque, devi sapere che Margherita doveva partire per il campeggio e che io dovevo accompagnarla alla stazione con la macchina. Quando finalmente siamo partite, la piccola si è accorta di aver lasciato a casa la borsa con il biglietto e i soldi. Così siamo dovute tornare indietro. Io ho parcheggiato in seconda fila e tutte e due ci siamo precipitate su. Quando siamo tornate giù però mi aspettava una bella sorpresa: una multa per divieto di sosta. Il vigile era ancora lì e inutilmente io ho cercato di spiegargli la situazione. Niente da fare. Tra l'altro, mentre io lo pregavo di togliermi la multa, mia figlia non faceva che lamentarsi perché aveva paura di perdere il treno. Alla fine siamo partite e, siccome eravamo già un pochino in ritardo, io, per fare prima, sono voluta passare per il centro; ma a piazza Venezia tutto era bloccato; impossibile andare avanti e sai perché? Doveva passare il Presidente della Repubblica. Niente da fare quindi. Abbiamo dovuto aspettare (per fortuna non troppo) finché non è passato. Per farla breve l'ho accompagnata alla stazione e, quando siamo arrivate, mancavano meno di cinque minuti alla partenza del treno. Tornando a casa volevo fare un po' di spesa, ma a un certo punto il motore si è spento e la macchina non si è mossa più. Meno male che da quelle parti c'era un meccanico. Gli ho lasciato la macchina, sono andata alla fermata dell'autobus, ma, quando stavo per prenderlo, mi sono accorta di aver lasciato la borsetta in macchina. Non avevo niente con me, né il portafoglio né le chiavi di casa; così sono dovuta tornare in fretta e furia dal meccanico e sono arrivata proprio nel momento in cui stava chiudendo l'officina. Insomma, grazie a Dio, sono riuscita almeno a riavere la borsetta, ma non ti dico alla fine in che condizioni ero!
Be' che ne dici? Continui a sostenere che capitano tutte a te? E allora io che dovrei dire? Comunque finché i guai sono solo questi, possiamo riderci sopra. Sta' su con la vita e scrivimi ancora.

Un abbraccio
Marcella

17

ESERCIZIO

Leggete le seguenti frasi e indicate in quali di esse sono presenti:
due azioni contemporanee ( ) un'intenzione ( )
una conseguenza ( ) una decisione presa ( )

a. Margherita doveva partire per il campeggio e io dovevo accompagnarla alla stazione.
b. Margherita si è accorta di aver lasciato a casa la borsa. Così siamo dovute tornare indietro.
c. Mentre io lo pregavo di togliermi la multa, mia figlia non faceva che lamentarsi.
d. Tornando a casa volevo fare un po' di spesa.

ESERCIZIO

Passato prossimo o imperfetto? Completate le frasi.

a. Mentre (io-aspettare) _______________ il tram, (vedere) _______________ passare il presidente.
b. Mentre (io-aspettare) _______________ l'autobus, (guardare) _______________ le vetrine dei negozi.
c. Mentre i bambini (giocare) _______________, la mamma (cucinare) _______________.
d. Mentre i bambini (giocare) _______________, la mamma li (chiamare) _______________.
e. Mentre Luisa (leggere) _______________ il giornale, Franco (guardare) _______________ la TV.
f. Luigi (addormentarsi) _______________ mentre (guardare) _______________ un film alla TV.

19 E ADESSO TOCCA A VOI!

Con l'aiuto delle seguenti annotazioni, immaginate la lettera che Enrica può aver scritto da Londra a Marcella.

- ○ prendere l'aereo
- ○ fare scalo a Milano
- ○ partire in ritardo da Milano per lo sciopero
- ○ arrivare tardi a Londra
- ○ prendere un taxi
- ○ il tassista non conoscere la strada dell'albergo
- ○ chiedere a un collega
- ○ camera rumorosa
- ○ voler cambiare la camera ma essere impossibile
- ○ avere fame
- ○ essere tardi per andare al ristorante
- ○ dovere mangiare qualcosa in albergo
- ○ cucina pessima
- ○ tornare in camera e volere guardare la tv
- ○ non riuscire a capire niente ...
- ○ la notte non riuscire a dormire

20

TEST

I. Completate con le parole mancanti.

a. Guido stava ____ aprire la porta, quando all'improvviso un allarme ha cominciato a ________.

b. Guido non ____ vestito molto bene: aveva un giaccone ____ marinaio, gli occhiali ____ sole e la barba lunga.

c. Quando Guido è entrato ____ negozio, il gioielliere aveva ancora la pistola ____ mano.

d. Guido era bianco ________ un lenzuolo, il gioielliere era più bianco ____ lui e così tutti ____ due, più morti ____ vivi ____ lo spavento, sono andati al bar e hanno preso un cognac.

II. Completate con le preposizioni.

a. Due settimane fa ho cominciato ____ studiare lo spagnolo.

b. Maria e Sara non sembrano madre e figlia. Quando le vedi insieme le prendi ____ sorelle.

c. Va bene anche questo ristorante. Io sto morendo ____ fame.

d. Nel frigo non c'è niente ____ mangiare, c'è solo ____ bere.

e. Oggi ho preso già due multe ____ divieto di sosta.

f. Ho cercato ____ riparare la macchina, ma non ci sono riuscito.

g. Ho paura ____ non trovare parcheggio in centro.

h. Mi sono accorto ____ essere uscito senza soldi e così sono dovuto tornare a casa.

III. Passato prossimo o imperfetto?

Margherita (dovere) ____________ partire per il campeggio e sua madre (volere) ____________ accompagnarla alla stazione. Quando (loro-partire) ____________ con la macchina, Margherita (accorgersi) ____________ di aver lasciato a casa la borsa e così (loro-dovere) ____________ tornare indietro.

(Essere) ____ tardi e la mamma, per fare prima, (volere) ____________ passare per il centro; ma a piazza Venezia tutto (essere) ____ bloccato perché (dovere) ____________ passare il Presidente della Repubblica. Finalmente il Presidente (passare) ____________ e Marcella (riuscire) ____________ ad arrivare alla stazione cinque minuti prima della partenza del treno.

LEZIONE

2

Volevo chiederLe una cortesia

1 **LETTURA**

Sette giorni in barca sul delta del Po

Come in Francia e in Germania, anche in Italia è possibile la vacanza navigando sul fiume. Ci ha pensato Navarchus, società che gestisce la Darsena fluviale di Ferrara, la più grande d'Europa. (...)

Per guidare la barca non è necessaria la patente nautica e si può scegliere fra 15 itinerari: dal Parco del delta del Po alla riviera del Brenta, alla laguna veneta.

L'imbarcazione, facile da manovrare e, se occorre, riscaldabile, ospita fino a 6 persone ed è formata da soggiorno, zona notte, cucina e servizi, terrazzo-solarium. (...)

Il viaggio dura una settimana. Si prende possesso della barca alle 16 del sabato per consegnarla alle 9 del sabato dopo. (...)

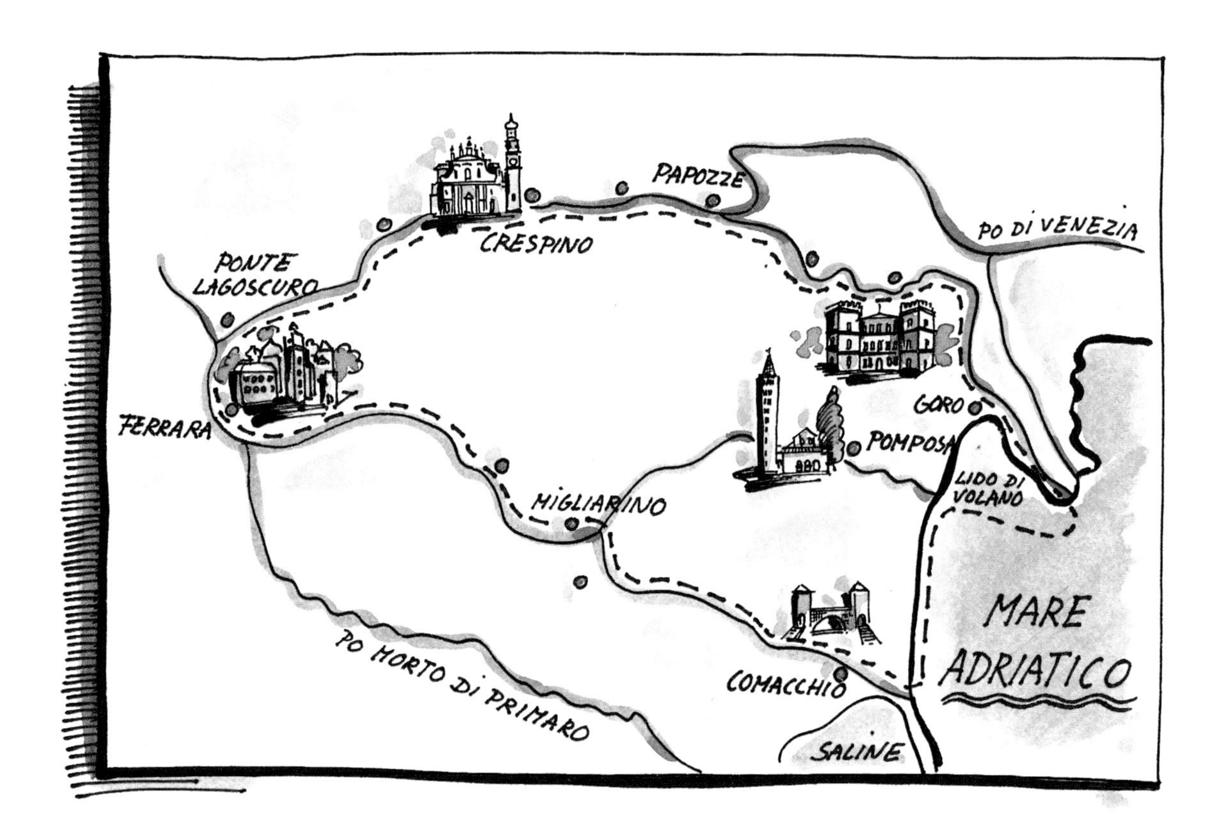

Da Ferrara 200 chilometri

Da Ferrara a Ferrara, via Porto Garibaldi, un anello navigabile lungo 200 km: è uno degli itinerari proposti da Navarchus.

Dalla città estense ci si immette nel Po attraverso la conca di Pontelagoscuro. Poco dopo si incontrano Polesella (...) e Crespino, centro agricolo di probabile origine romana.

Dopo Villanova Marchesana, Papozze e Ariano nel Polesine, ecco Mesola, celebre per il suo castello e per il «Boscone». Si prosegue lungo il Po di Goro fino all'omonimo centro peschereccio. Giunti alla Bocca del Po di Goro, si raggiunge il Lido di Volano, quindi gli altri Lidi ferraresi.

Qui si entra nel porto canale per circa 2 chilometri fino alla darsena. Se si vuole visitare Comacchio (i suoi canali e i suoi monumenti lo meritano), l'approdo migliore è il porticciolo dei Cappuccini. Lasciata Comacchio, si arriva a Ostellato, da dove ci si immette nel canale artificiale che passa sotto il ponte nuovo della superstrada Ferrara-Lidi ferraresi e si arriva a Migliarino. Dopo circa un'ora di navigazione si arriva in prossimità della piccola darsena di Final di Rero.

A due chilometri l'ultima conca di Valpagliaro. Ferrara è a 25 chilometri.

(da *Gente money*, 5/5/94)

E adesso completate la cartina con i luoghi nominati nel testo.

arrivare → si arriva
immettersi → ci si immette

2

ESERCIZIO

a. Completate ora il seguente testo con le forme impersonali.

Un itinerario intorno al lago di Garda.

Il lago di Garda è molto frequentato sia dagli italiani che dagli stranieri. In estate i turisti affollano le piccole spiagge e i campeggi. Gli alberghi sono pieni di gente desiderosa di prendere il sole, fare il bagno o il surf. Ma il lago di Garda non offre solo questo: intorno al lago ci sono paesi pittoreschi, c'è una vegetazione tipicamente mediterranea con olivi, vigneti, cipressi, c'è il contrasto fra le acque del lago e le rocce delle montagne.

Se (avere) ____________ due giorni liberi e (volere) ____________ vedere il lago con un occhio diverso, (potere) __________ seguire questo itinerario. È lungo 134 chilometri e inizia a Salò. Per arrivare qui (prendere) ____________ l'autostrada Milano–Venezia e (uscire) __________ al casello di Desenzano. Da qui (immettersi) __________________ nella strada statale n° 572. A Salò (potere) __________ visitare il duomo tardo-gotico e fare una passeggiata nella città. Poi (proseguire) _______________ per Gardone, dove c'è un interessante giardino botanico. Dopo alcuni chilometri (fermarsi) __________________ a Maderno dove c'è la chiesa romanica di S. Andrea.

Se (volere) ____________ , a Limone (potere) __________ fare una sosta sul lungolago che è molto pittoresco. A Riva del Garda poi (potere) __________ visitare il Museo Civico. (Continuare) _______________ quindi per Malcesine da dove (prendere) _____________ la funivia e (salire) __________ fino a 1790 metri di altitudine. Da qui (godere) __________ un panorama bellissimo.

b. Servendovi della cartina e delle indicazioni riportate, provate adesso a continuare a descrivere l'itinerario fino a raggiungere di nuovo il casello autostradale di Desenzano.

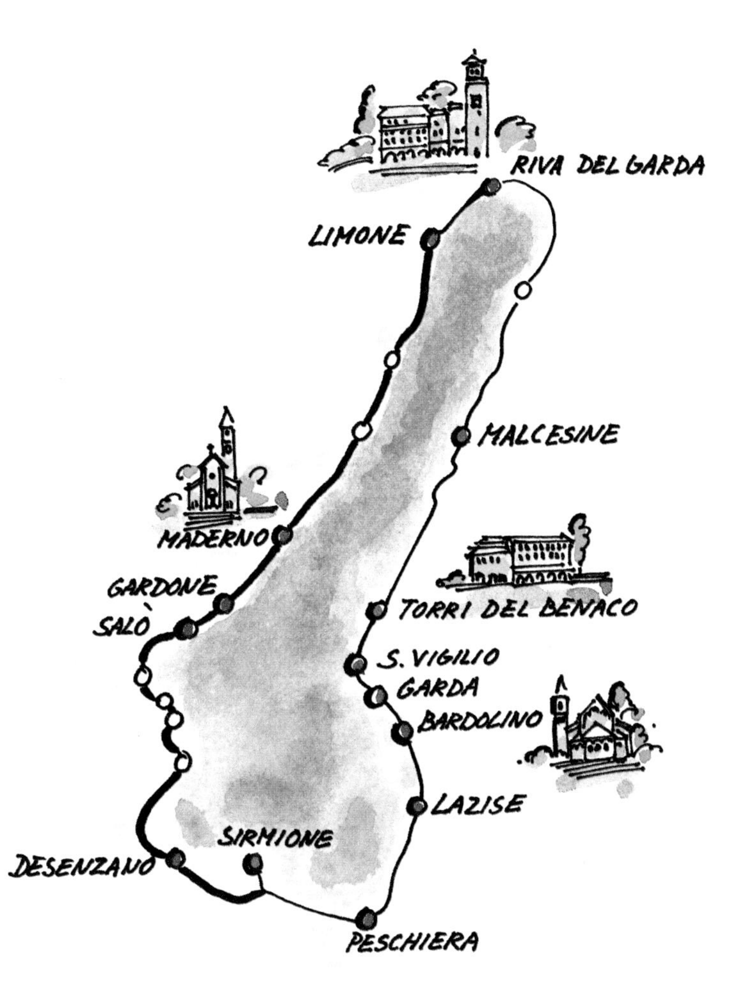

Torri del Benaco
castello trecentesco – case caratteristiche
chiesa della SS. Trinità (affreschi del '400)

S. Vigilio
luogo caratteristico e romantico

Garda
borgo antico – passeggiata sul lungolago

Bardolino
case caratteristiche – chiesetta di S. Zeno
chiesa romanica di S. Severo – enoteca

Lazise
mura medioevali – Castello Scaligero

Peschiera
fortificazioni costruite dai Veneziani

Sirmione
Rocca Scaligera – Grotte di Catullo

Desenzano
villa romana – porticciolo – dipinto del Tiepolo
nella chiesa parrocchiale

3 E ADESSO TOCCA A VOI!

Descrivete un itinerario che conoscete e che consigliereste di seguire.

1 6

QUESTIONARIO

La signora Maroni sta passando qualche giorno di vacanza in Abruzzo e si intrattiene con il suo vicino, il signor De Luca.

a. Per quanto tempo ha preso in affitto la villetta la signora Maroni?

____

b. Con chi sta trascorrendo le sue vacanze?

____

c. Quali di questi luoghi il signor De Luca consiglia di visitare alla signora Maroni?

Alba Fucens	❑	L'Aquila	❑	Rivisondoli	❑
Alfedena	❑	Pescasseroli	❑	Scanno	❑
Castel di Sangro	❑	Pescocostanzo	❑	Sulmona	❑

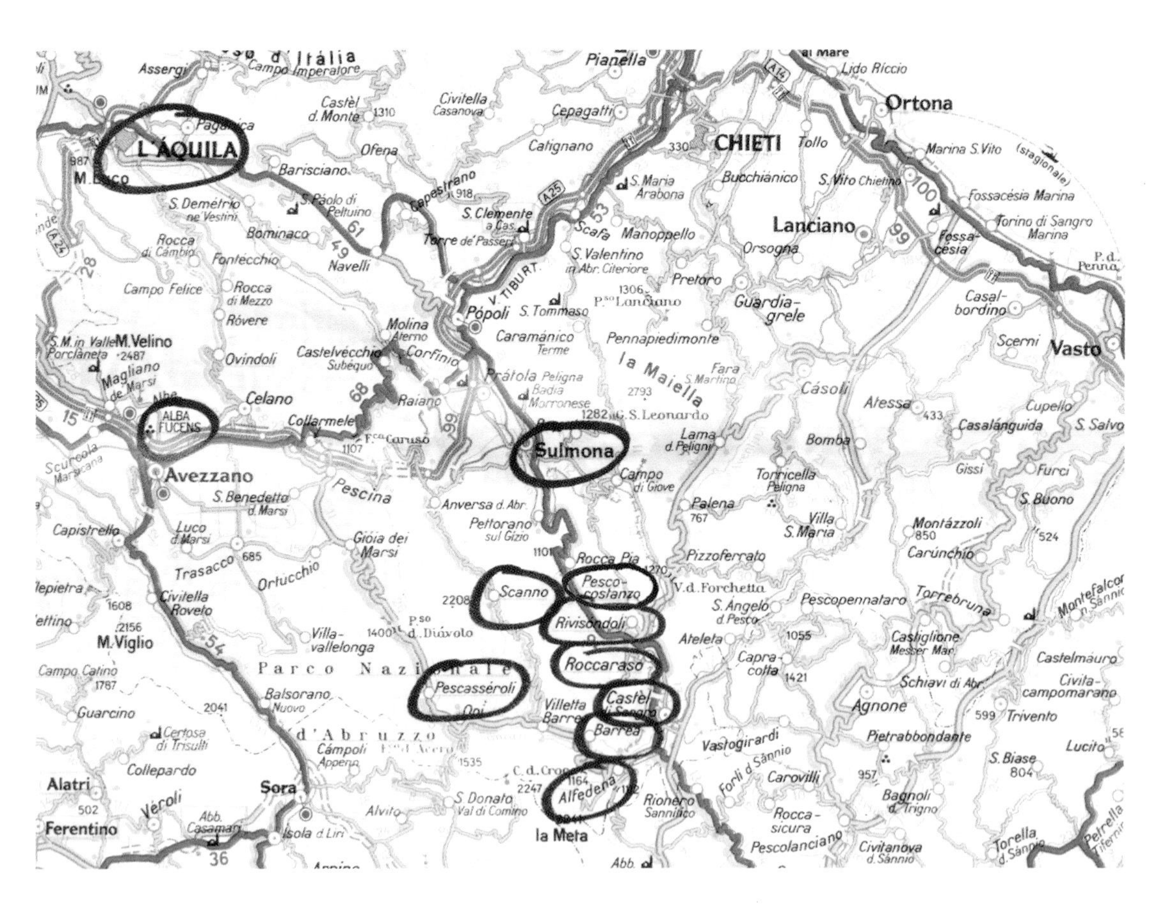

DIALOGO

- ■ Senta, io volevo chiederLe una cortesia.
- ● Mi dica.
- ■ Certo passeggiare fa molto bene e ci piace tantissimo, volevamo però fare anche qualche gita, vedere qualcos'altro.
- ● Sì, ma qui c'è soltanto l'imbarazzo della scelta.
- ■ Sì, mi dica un po' dov'è che si potrebbe andare.
- ● Mah, volendo cominciare con la natura si può fare qualche puntatina nei dintorni.

Senta, io volevo chiederLe una cortesia.

ESERCIZIO

Che cosa dite...

a un collega se non sapete come comportarvi con un superiore?
a un amico con cui avreste voglia di passare una serata?
a un vicino il giorno dopo una festa a casa vostra?
a una persona da cui volete sapere qualcosa?
a un amico se non conoscete nessuno a cui lasciare il vostro gatto?

		chiedere un favore
Senta,		fare una proposta
	io volevo ...	chiedere un consiglio
Senti,		chiedere scusa per il rumore di ieri
		domandare una cosa

Certo passeggiare ci piace tantissimo,
volevamo però fare anche qualche gita.

ESERCIZIO

Fate delle frasi a piacere secondo il modello.

Certo la sua macchina è proprio bella, però	*consuma moltissimo.*
	se si rompe è difficile trovare i pezzi di ricambio.
	c'è posto solo per due persone.

Certo ...

a. Roma è caotica, però ______________________________.

b. la Costa Smeralda è cara, però ______________________________.

c. visitare i musei è interessante, però ______________________________.

d. il russo è una lingua affascinante, però ______________________________.

e. il riso integrale è più sano, però ______________________________.

f. prendere il sole mi piace, però ______________________________.

g. passare le vacanze con gli amici è divertente, però ______________________________.

h. qui in montagna fa freddo, però ______________________________.

Volendo Se si vuole	cominciare con la natura,	si può vedere ...
Volendo Se volete		potete vedere ...

8

ESERCIZIO

Conoscete l'Italia? Completate le frasi con il gerundio o con *se* + il presente indicativo del verbo indicato e con i nomi dei posti elencati qui sotto.

Caserta

Castel del Monte

Parma

Bolsena

Monreale

Spoleto

a. (Passare) ____________ per l'Umbria, Le consiglio di visitare ____________________.

b. (Andare) ______________ a Palermo, vi consiglio di fare un salto a ____________________.

c. (Attraversare) ______________ l'Emilia, fai una tappa a ____________________.

d. (Volere) ____________ visitare anche il Lazio, vale la pena di fare una sosta a ____________________.

e. (Potere) ____________ passare qualche giorno in Campania, oltre a Napoli, dovete assolutamente vedere ____________________.

f. (Essere) ____________ in Puglia, approfitti dell'occasione per visitare ____________________.

(9) **LETTURA**

Un'escursione tra orsi e cervi

Chi cerca tranquillità e natura intatta in Abruzzo le troverà. Foreste immense, animali rari, compresa la recuperata lince, valli profonde, altipiani, ampi spazi di solitudine e silenzi. Tutto ben dotato di strutture ricettive. La zona interna montuosa, in provincia dell'Aquila, Teramo, Chieti e in parte di Pescara, offre una trentina di stazioni sciistiche aperte da dicembre. Centinaia di impianti di risalita, sciovie, funivie, tra cui quella di Campo Imperatore, una delle più moderne d'Europa, capace di trasportare settecento passeggeri l'ora.

Le più numerose sono dislocate nell'Aquilano, a Roccaraso, Pescocostanzo, Rivisondoli, Campo di Giove, Tagliacozzo, Scanno, Campo Felice, Rocca di Mezzo e Rocca di Cambio. Ricche di confortevoli alberghi di ogni categoria, pensioni, ristoranti, piscine. Cittadine di antica e preziosa architettura offrono al turista natura, storia e divertimenti, come ippodromi o piste per fuoristrada e cross.

Il Parco nazionale d'Abruzzo è una riserva di 40 mila ettari di boschi e montagne dove la natura è protetta. Qui oltre un milione di visitatori l'anno, italiani e stranieri, sciano, visitano il parco e i centri faunistici, le oasi per animali protetti, i negozi di artigianato locale e i monumenti. Sul lago di Barrea, nel Parco, è possibile osservare gli animali selvatici che si avvicinano all'acqua per l'abbeveraggio serale. Luogo appartato e di selvaggia bellezza è il Salto Lo Schioppo presso Morino, in valle Roveto. La regione è carsica, molto ricca d'acqua: sorgenti, salti, cascate, laghetti. Luoghi in cui il turista può trovare ciò che oggi è il bene più prezioso: una natura schietta, solitaria e pulita. In realtà molti altri sono i posti montani che meriterebbero di essere citati e visitati. Quello che veramente serve, al di là di ogni suggerimento, è prendere in mano la carta geografica e partire alla scoperta di questa regione. Ognuno troverà il «proprio Abruzzo».

(da *il Giornale*, 2/7/94, ridotto)

Elencate le informazioni fornite dal testo riguardo alla geografia, alla fauna e alle strutture ricettive della regione.

 **E ADESSO TOCCA A VOI!**

a. In base a quali criteri scegliete il posto in cui andare in vacanza?

b. Parlate di una regione dove siete stati e che vi è piaciuta particolarmente.

11 DETTATO

● Se ________ ________ qualcosa di più culturale …

■ Sì, difatti.

● Eh, sì, allora ____ _____ ______________ ______ di origine romana, Alba Fucens, ________ ad Avezzano, ben conservata. L' ________ riportata alla luce ________ ________ ________ _____.

■ Alba Fucens, ___ ________.

● Sì, con _____ ___ foro e un anfiteatro ________ praticabili. E poi a L'Aquila c'è ________ qualcosa di bello da vedere, ____ ________ la ________ barocca di San Bernardino e ________ ____ Santa Maria di Collemaggio.

Se vogliono **qualcosa di** più **culturale**, allora c'è una bellissima città di origine romana.

A L'Aquila c'è **qualcosa di bello da vedere**.

ESERCIZIO

Fate dei dialoghi secondo il modello.

> Se vuole – divertente – libro di Achille Campanile
>
> ○ Se vuole qualcosa di più divertente …
> □ Sì, difatti.
> ○ Allora c'è questo libro di Achille Campanile.

a. Se vuoi – secco – Soave del Garda
b. Se preferisce – elegante – abito di Valentino
c. Se preferisce – saporito – prosciutto di Parma
d. Se vuole vedere – sportivo – giacca a quadri
e. Se preferite – classico – esecuzione di Abbado
f. Se desidera – economico – impermeabile in fibra sintetica

ESERCIZIO

Ascoltate ancora una volta il dialogo (4) fra la signora Maroni e il signor De Luca e scrivete le espressioni che la signora Maroni usa per

- rivolgersi la prima volta al vicino: ______________________
- presentarsi: ______________________
- avere informazioni sulla sua provenienza: ______________________
- farsi dare un consiglio su possibili escursioni: ______________________
- ringraziare e concludere la conversazione: ______________________

14

E ADESSO TOCCA A VOI!

A Lei è in vacanza per la prima volta a Vieste, nel Gargano. Volendo fare delle escursioni nei dintorni si rivolge a un abitante del luogo.

B Lei abita a Vieste. Un turista Le si avvicina per avere delle informazioni. Osservi la piantina e le foto qui riprodotte e gli consigli alcune possibili escursioni.

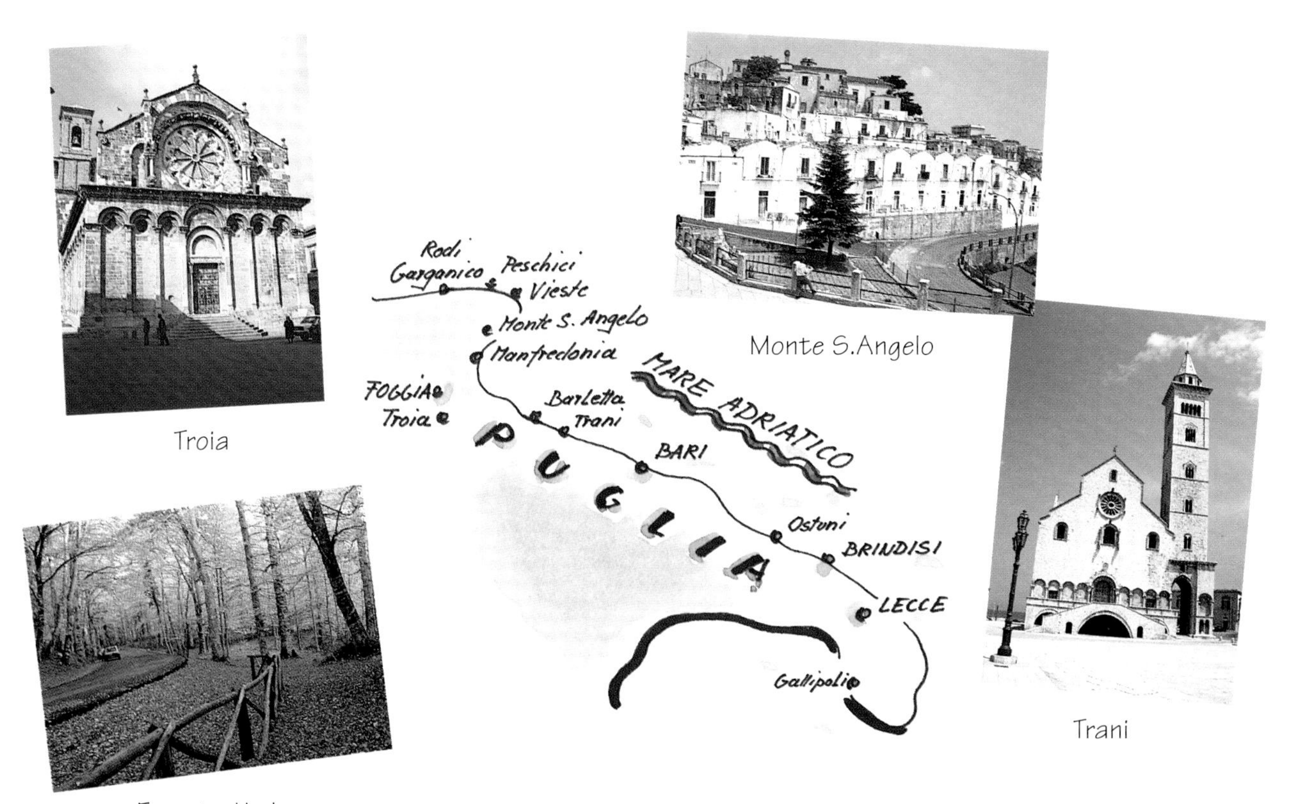

Troia

Monte S.Angelo

Trani

Foresta Umbra

LETTURA

Stefano Benni, giornalista e scrittore, è nato a Bologna nel 1947. Nel 1981 ha pubblicato presso Feltrinelli il volume *Prima o poi l'amore arriva* da cui è tratta questa poesia.

Alle pensioni riminesi

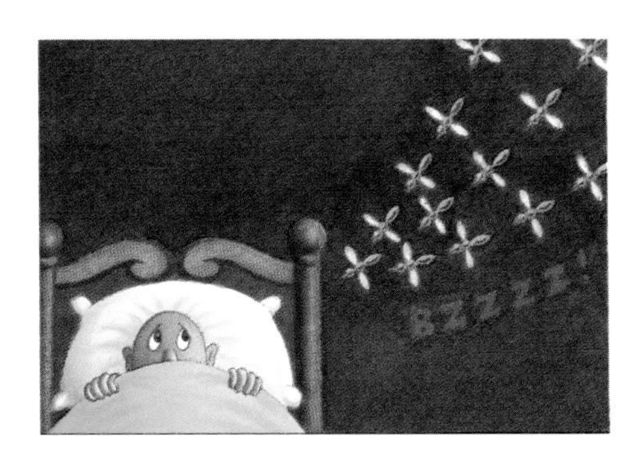

Evviva le pensioni
umili baluardi
diga di miliardi
contro le recessioni
5 evviva le pensioni
che tedeschi a milioni
fan dormire contenti
salvando la bilancia
dei pagamenti

10 Dalla finestra c'è il panorama
di due tedeschi in pigiama
a mezzogiorno cozzano le forchette
contro il granito delle cotolette
a sera, si cammina inquadrati
15 per conquistare due coni gelati
a notte, si senton sibilare
come aerei in picchiata le zanzare
dalla finestra viene un odore sensuale
di fritto misto e fogna di canale
20 e nella notte adriatica e stellata
dice l'amato all'amata ustionata
«sei mia? sei come la Romagna
della nota canzone?»
e frenando la passione
25 la bacia con cautela
se no si spela.

a. A quali frasi della poesia si riferiscono questi disegni?
b. Quali rumori si possono sentire a Rimini? Quali odori si possono sentire?

E ADESSO TOCCA A VOI!

a. Siete già stati a Rimini o in una località balneare turistica? Come vi siete trovati?
b. La descrizione di Benni vi sembra molto esagerata?

17

TEST

I. Completate con i verbi alla forma impersonale.

Ecco il programma di oggi.

(Incontrarsi) ________________ alle 9.00 davanti a S. Pietro.

(Visitare) __________ la basilica e (salire) __________ sulla cupola.

(Uscire) __________ e (dirigersi) _______________ verso Piazza Navona attraversando ponte S.Angelo. A piazza Navona (fermarsi) _______________ ad ammirare la fontana dei Quattro Fiumi e la facciata della chiesa di S. Agnese. (Andare) __________ poi a Piazza Farnese, attraversando Campo de' Fiori, dove (visitare) __________ il pittoresco mercato. A Piazza Farnese (ammirare) _____________ la facciata dell'omonimo Palazzo e la chiesetta di S. Brigida. Alle 12.30 (mangiare) __________ in un tipico ristorante della zona e (ritornare) _____________ in albergo dove (riposarsi) _______________ fino alle 16.00, ora in cui (rincontrarsi) _______________ alla reception per visitare poi la zona dei Fori Imperiali.

II. Inserite nelle frasi i seguenti verbi coniugandoli al gerundio.

avere   fare   partire   volere   arrivare

a. _______________ un giorno in più a disposizione, dovete assolutamente visitare anche Lanciano.

b. _______________ a L'Aquila verso l'una, vi consiglio di pranzare alla trattoria Scannapera.

c. _______________ passare qualche giorno nel Parco Nazionale d'Abruzzo, ci si può fermare a Barrea.

d. _______________ da Roma si arriva a L'Aquila in circa due ore.

e. _______________ sosta a Sulmona, puoi fare una passeggiata fino alla Fonte d'Amore.

Vuole lasciare un messaggio?

10

1

QUESTIONARIO

Antonio Lipari telefona alla Infotec.

a. L' ingegner Ferri è
- in riunione. ❑
- in ferie. ❑
- fuori sede. ❑

b. Il signor Lipari ha fissato con l'ingegnere un appuntamento
- per lunedì prossimo. ❑
- per giovedì prossimo. ❑
- per la prossima settimana. ❑

c. La segretaria è ❑ / non è ❑ al corrente dell'appuntamento.

d. Il signor Lipari sarà a Verona
- da lunedì a mercoledì. ❑
- fino a giovedì. ❑
- per l'intera settimana prossima. ❑

e. Il signor Lipari ha tempo per incontrare il signor Ferri
- lunedì e martedì pomeriggio. ❑
- martedì pomeriggio e mercoledì mattina. ❑
- martedì mattina e mercoledì pomeriggio. ❑

f. La segretaria dice al signor Lipari di ritelefonare
- lunedì mattina. ❑
- lunedì pomeriggio. ❑

DIALOGO

▲ Infotec, buongiorno.
■ Buongiorno. Per cortesia, vorrei parlare con l'ingegner Ferri.
▲ L'ingegner Ferri è fuori sede. Vuole lasciare un messaggio?
■ Eh no, guardi, dovrei parlare personalmente con lui.
▲ Le passo la sua segretaria, la signorina Puglisi.
■ Ah, d'accordo.
▲ Attenda un attimo.

3

ESERCIZIO

Ripetete il dialogo con le seguenti variazioni.

dottor / dottoressa Bertone
professor / professoressa Martini
avvocato Sacchi
signor / signora De Paolis

fuori stanza in riunione a pranzo in viaggio in ferie non è in ufficio non c'è	lasciar detto qualcosa richiamare più tardi parlare con la sua segretaria
sta parlando al telefono	attendere in linea

4 LETTURA

Verona, 20/9/19..

Spett. Secura,

Vi ringraziamo per la celerità con la quale ci avete inviato il catalogo relativo ai Vostri prodotti.

Poiché abbiamo intenzione di installare prossimamente un sistema di allarme nella nostra sede di Verona, Vi preghiamo di metterVi in contatto con noi per concordare un incontro con uno dei Vostri tecnici.

Restando in attesa di un cortese riscontro, Vi porgiamo i nostri più distinti saluti.

R. Ferri

(Roberto Ferri)

Vi ringraziamo per la celerità con	**la quale** **cui**	ci avete inviato il Vostro catalogo.

ESERCIZIO

Trasformate le frasi sostituendo *cui* con *il quale, la quale, i quali, le quali* secondo il modello.

> È una città *in cui* vivo volentieri.
> È una città *nella quale* vivo volentieri.

a. È un programma con cui ti consiglio di lavorare.
b. È una persona di cui mi fido ciecamente.
c. Sono dipendenti su cui posso sempre contare.
d. È un reparto in cui non lavoro volentieri.
e. Sono persone a cui puoi sempre rivolgerti.
f. È la società per cui ho lavorato tre anni.
g. È un avvocato da cui mi sono fatto consigliare più volte.
h. Lì ci sono dei libri tra cui forse puoi trovare quello che cerchi.

6 E ADESSO TOCCA A VOI!

Avete richiesto delle informazioni su un corso di lingue alla scuola DILIT di Roma e vi hanno spedito il relativo dépliant. I corsi offerti dalla scuola durano quattro settimane. Voi però avete soltanto due settimane di tempo.
Spedite un fax in cui

- ○ ringraziate per il dépliant
- ○ esponete il vostro problema
- ○ chiedete il prezzo di un eventuale corso di due settimane
- ○ vi informate sulle possibilità di alloggio a Roma
- ○ vi congedate

7 DETTATO

12

■ Ma Lei non __________ i _____ impegni, _____ _____ la sua agenda ...

● Ecco, che io sappia, _______________ sarà impegnatissimo ________ ___ _______________.

■ Beh, allora guardi, la mia _______________ ___ ________: io sarò _____________ il 14 _____________, martedì, e il 15 _______________, __________________.

● Un attimo, ... sì. Eh, guardi, ________ ________ così: ________ riferire _______________ appena lo vedrò e ___ ____ ___ ________ un recapito telefonico, Le faremo sapere già ____ _______________ di _______________.

■ Guardi, io alloggerò all' ________ Colomba d'Oro, ________ Lei ________ _______________ lì e, se non mi ________, può lasciare un messaggio alla ricezione.

● ___ ______, senz'altro.

■ E ___ _____ ______ proverò anch'io a ritelefonare, se mi sarà possibile.

essere	→	sarò
provare	→	proverò
alloggiare	→	alloggerò
fare	→	farò
vedere	→	vedrò

Che io sappia A quanto ne so io Per quel che ne so A quanto mi risulta	l'ingegnere **sarà** impegnatissimo tutta la settimana.

ESERCIZIO

Ripetete il dialogo secondo il modello.

> conoscere i suoi impegni
> ingegnere – essere impegnatissimo tutta la settimana
>
> □ Ma Lei non conosce i suoi impegni ...
> ○ Ecco, che io sappia, l'ingegnere sarà impegnatissimo tutta la settimana.

a. avere la sua agenda
dottore – restare fuori tutta la settimana

b. conoscere i suoi impegni
avvocato – rientrare lunedì sera

c. essere al corrente della sua partenza per Napoli
professoressa – partire la prossima settimana

d. essere informato/-a della data del suo ritorno
dottoressa – riprendere servizio all'inizio del mese

e. essere a conoscenza della data del suo rientro
architetto – non tornare prima della fine del mese

Se mi lascia un recapito telefonico, Le faremo sapere.
(richiesta) (promessa)

9

ESERCIZIO

Completate le frasi con i verbi al futuro.

chiamare – dare – fare – spedire – telefonare

a. Se mi dà il Suo indirizzo, Le ______________ una raccomandata.

b. Se mi dice dove La posso rintracciare, Le ______________ più tardi.

c. Se ci chiama domani, Le ______________ una risposta.

d. Se mi lascia il Suo numero di telefono, La ______________.

e. Se ci comunica a che ora La possiamo chiamare, Le ______________ sapere.

Se non mi trova, può lasciare un messaggio.
(eventualità) (richiesta / suggerimento)

ESERCIZIO

Unite le frasi della prima colonna a quelle della seconda.

a. Se non sono in ufficio	può	fare le fotocopie in copisteria.
b. Se l'avvocato è in ferie,		chiamarmi a casa.
c. Se la fotocopiatrice non funziona,		richiamare più tardi.
d. Se l'interno 35 non risponde,		chiamare il 37.
e. Se non risponde nessuno,		rivolgersi al suo sostituto.

Proverò anch'io a telefonare, se mi sarà possibile.
(promessa sottoposta a condizione)

11 ESERCIZIO

Coniugate i verbi al futuro.

a. Se (riuscire) __________ a liberarmi, (fare) __________ un salto da te.

b. (Io-darvi) __________ un colpo di telefono, se (trovare) __________ un attimo libero.

c. Se la riunione (finire) __________ prima del previsto, (io-cercare) __________ di raggiungervi al ristorante.

d. (Io-riprovare) __________ a telefonarLe più tardi, se (riuscire) __________ a sapere qualcosa.

e. Se non (io-dovere) __________ restare in ufficio, (passare) __________ a prendervi.

12 E ADESSO TOCCA A VOI!

A Lei lavora presso la segreteria della facoltà di lettere dell'Università di Padova. La professoressa Renzi, da cui Lei dipende, è a Urbino per un congresso e tornerà fra una settimana. Al suo ritorno avrà molto da fare perché sarà impegnata con gli esami e con il consiglio di facoltà.

B Lei è uno studente / una studentessa di Torino che studia lettere e che vuole cambiare sede universitaria. La prossima settimana sarà a Padova e desidererebbe fissare un appuntamento con la professoressa per decidere se studiare in quella università. Telefona alla facoltà di lettere e risponde la segretaria.

LETTURA

Questo brano è tratto da *Uccelli da gabbia e da voliera* (1982) di Andrea De Carlo (Milano, 1952). Per il protagonista del libro, Fiodor, inizia il primo giorno di lavoro.

Di mattina Lowell mi guida lungo i corridoi della MultiCo. Ogni tanto si ferma su una porta, bussa e apre, mi indica con la mano, dice «Il dottor Barna». Parla italiano con un brutto accento, ma riesce a farsi capire benissimo. I tipi che lui mi presenta si alzano, mi stringono la mano, restano a guardarmi senza saper cosa dire finché non torniamo fuori nel corridoio. Nemmeno io so cosa dire; più che altro mi lascio condurre in giro, stringo mani e sorrido come meglio mi riesce.

Alla fine Lowell mi mostra una stanza con grande finestra, con grande scrivania e due telefoni di colore diverso; con tavolo e macchina da scrivere per dattilografa personale. Mi dice «Questo può essere il tuo ufficio per ora, se ti va bene». Una segretaria lo raggiunge, gli porge un paio di fogli da firmare. Lui firma; mi dice «Pensi che ti vada bene?»

Gli dico «Eh». Guardo il soffitto; guardo i telefoni sulla scrivania.

Lui mi spiega che il mio lavoro consiste per ora nell'esaminare una serie di rapporti provenienti da varie parti del mondo, raffrontarli con dati disponibili a Milano e stendere un resoconto complessivo da mandare a New York.

Gli dico «Non mi sembra un gran lavoro». Gli guardo i polsini della camicia.

Lui mi guarda con occhi imbarazzati; dice «Non è vero. È importante, invece». Si gira verso un'altra segretaria sulla porta che cerca di richiamare la sua attenzione, le fa cenno di aspettare. Mi dice «Davvero, Fiodor». Me lo immagino al telefono, che riceve istruzioni da Leo, definite nei dettagli.

Mi dice quale sarà il mio stipendio, e questo mi impressiona abbastanza, perché è venti volte quanto guadagnavo a Santa Barbara con la musica. Si fa portare un paio di fascicoli, li studia un attimo vicino alla finestra; li apre sulla scrivania, me li illustra con grande cura. Mi dice «Buon lavoro»; se ne va.

Alzo la cornetta del primo telefono, del secondo telefono. Mi siedo, provo lo schienale regolabile, mi allungo all'indietro. Punto i piedi, faccio ruotare la sedia a sinistra; a destra. Vado al tavolo della dattilografa, accendo la macchina da scrivere, batto qualche tasto solo per sentire il ticchettio. Vado alla finestra, guardo fuori. Mi viene da ridere; rido.

Andrea De Carlo
Uccelli da gabbia e da voliera

Einaudi

14

ESERCIZIO

Mettete i seguenti momenti del racconto in ordine cronologico.

a. Lowell firma alcuni fogli.
b. Una segretaria richiama l'attenzione di Lowel.
c. Lowell lascia Fiodor da solo.
d. Lowell non si mostra d'accordo con Fiodor.
e. Fiodor è sorpreso del suo stipendio.
f. Lowell mostra a Fiodor il suo ufficio.
g. Lowell presenta Fiodor ai colleghi.

ESERCIZIO

In che cosa consiste il lavoro del/dell'/della...?

astronomo	creare oggetti d'oro
calzolaio	tradurre da una lingua all'altra
colf	spolverare e pulire
infermiera	riparare i motori
interprete	dirigere il traffico
meccanico	assistere gli ammalati
orefice	riparare le scarpe
postino	consegnare la posta
vigile	osservare le stelle

E ADESSO TOCCA A VOI!

a. Provate a descrivere brevemente il vostro posto di lavoro e le azioni che svolgete durante il lavoro.
b. Raccontate il vostro primo giorno di lavoro, di scuola etc.

17

ASCOLTO

Franco, arrivato a Modena per lavoro, sta parlando al telefono con una sua ex compagna di scuola che abita a Correggio, una cittadina a pochi chilometri da Carpi.
Ascoltate il dialogo e segnate con una crocetta le informazioni esatte.

a. Patrizia lavorava prima in
- un ministero. ❑
- una scuola. ❑
- un ufficio postale. ❑

b. Adesso Patrizia lavora in
- un pastificio. ❑
- un maglificio. ❑
- un mobilificio. ❑

c. Nell'ufficio commerciale della sua ditta è responsabile per

l'Europa
- orientale. ❑
- occidentale. ❑
- centrale. ❑
- settentrionale. ❑
- meridionale. ❑

d. Quali sono i vantaggi del nuovo lavoro?
- L'orario di lavoro flessibile. ❑
- L'orario di lavoro fisso. ❑
- Un ottimo stipendio. ❑
- Un'atmosfera vitale. ❑
- Un lavoro vario. ❑
- Lunghi periodi di ferie. ❑
- La possibilità di lavorare a casa. ❑

e. Quante ore lavora al giorno? ______________________

f. Che cosa non le piaceva del lavoro precedente?

____

18

E ADESSO TOCCA A VOI!

a. Segnate con una crocetta il numero che corrisponde al vostro punto di vista.

1 = sono d'accordo
2 = sono d'accordo in parte
3 = non sono affatto d'accordo

	1	2	3
Il lavoro viene prima di tutto.	○	○	○
Una donna con un figlio piccolo dovrebbe smettere di lavorare.	○	○	○
Un lavoro intellettuale è sempre meglio di uno manuale.	○	○	○
Se qualcuno non trova lavoro è perché non lo cerca abbastanza.	○	○	○
Oggi non si lavora più come una volta.	○	○	○
40 ore di lavoro alla settimana sono troppe.	○	○	○
È meglio lavorare per lo Stato che per un privato.	○	○	○
Gli uomini e le donne non sempre possono fare gli stessi lavori.	○	○	○
È meglio un lavoro monotono e ben pagato che uno interessante e pagato male.	○	○	○

b. Confrontate adesso con un compagno e motivate le vostre opinioni.

19

TEST

I. Completate le frasi con il futuro.

a. Quando (io – sapere) __________ qualcosa, Le (telefonare) ______________.

b. La prossima settimana la professoressa (essere) __________ impegnatissima.

c. A Verona (noi-alloggiare) ______________ all'hotel Colomba d'Oro.

d. L'ingegnere (tornare) ______________ a Milano la prossima settimana, ma non (riprendere) ______________ servizio prima della fine del mese.

e. Non so ancora in che cosa (consistere) ______________ il mio lavoro.

II. Completate con le preposizioni e con i relativi *il quale, la quale, i quali, le quali.*

a. Il medico ______________ sono stato mi ha consigliato di smettere di fumare.

b. La città ______________ viviamo è molto pulita.

c. Il corso ______________ volevo iscrivermi è già pieno.

d. Gli amici ______________ ho studiato sono ormai tutti sposati.

e. Non trovo più il giornale ______________ ho letto quella notizia.

f. Hai conosciuto le ragazze ______________ siamo andati in vacanza?

Sarà che sono un po' pignolo

14

1 QUESTIONARIO

Massimo chiede ad Alessandro un libro in prestito.

a. Quali di questi aggettivi usano i due amici per definire i racconti contenuti in «Navi in bottiglia»?

emozionanti ❑ divertenti ❑ interessanti ☑
appassionanti ❑ avvincenti ☑ commoventi ❑

b. Quanto è lungo ogni racconto?

30 righe ☑ 60 righe ❑ 90 righe ❑

c. Alessandro
- ha già letto il libro. ❑
- non ha ancora letto il libro. ☑

d. Di solito Massimo quando legge un libro ha l'abitudine di

scrivere appunti sul margine della pagina. ❑
sottolineare alcune parole. ❑
fare l'orecchietta alla pagina. ☑
piegare in due l'ultima pagina che ha letto. ❑

e. Quali aggettivi usa Alessandro per definire se stesso?

nevrotico ☑ intollerante ❑ pignolo ☑
vanitoso ❑ meticoloso ☑ avaro ❑

f. Quale aggettivo usa Massimo per definire Alessandro?

testardo ❑ geloso ☑ preciso ❑ sentimentale ❑

DIALOGO

■ Senti, io domani vado a Bologna e non so se a te dispiace o meno, comunque oserei chiederti in prestito questo libro per leggerlo sul treno.
● Ma ... io te lo darei volentieri. Ma tu proprio questo volevi?
■ Sì, sì, sì, mi interessa perché tempo fa ho letto la recensione di questo libro, non mi ricordo dove, e appunto la recensione mi stuzzicava un pochino. Allora ho pensato: «Adesso glielo chiedo». So che sei un po' geloso dei tuoi libri.
● No ... sì ... certo, in parte. No, se vuoi prendilo. Quando me lo riporteresti?
■ Mah, domani vado a Bologna. Sarò di ritorno fra tre giorni e la sera stessa posso riportartelo.

Te lo darei volentieri.	=	**Ti** darei volentieri **il libro.**
Quando **me lo** riporteresti?	=	Quando **mi** riporteresti **il libro**?

Posso riportar**telo** **Te lo** posso riportare	fra tre giorni.

ESERCIZIO

Fate dei dialoghi secondo il modello. Chiedete in prestito uno degli oggetti indicati.

> □ Senti, non so se a te dispiace o meno, comunque oserei chiederti in prestito *questo libro*.
> ○ Ma ... io te *lo* darei volentieri. Ma tu proprio *questo* volevi?

a. disco	**e.** occhiali da sole
b. videocassetta	**f.** due cassette
c. stilografica	**g.** giacca
d. gemelli	**h.** rivista

Ho letto la recensione di questo libro e allora ho pensato: «Adesso **glielo** chiedo».	glielo chiedo = lo chiedo a	lui lei Lei loro

ESERCIZIO

Unite le frasi della prima colonna con quelle della quarta secondo il modello.

> Ho trovato dei funghi che non conoscevo e allora ho pensato: «Adesso glieli faccio vedere.»

a. Ho fatto un dolce molto buono			porto una fetta.»
b. Ho letto un bel libro			regalo.»
c. Ho sentito una bella barzelletta		glielo	racconto.»
d. Ho fatto una traduzione	... e allora ho pensato: «Adesso ...	gliela gliele	faccio controllare.»
e. Ho visto dei bei fiori		gliene	porto un mazzo.»
f. Ho assaggiato un ottimo vino			porto una bottiglia.»
g. Ho visto due belle tazzine			compro.»

5 E ADESSO TOCCA A VOI!

Chiedete a un altro studente quali di questi oggetti presta o non presta volentieri e perché. Chiedetegli inoltre se ha mai fatto esperienze negative dando in prestito qualcosa.

i libri	la macchina da scrivere	le valigie
i dischi	il computer	il costume da bagno
la macchina	la macchina fotografica	gli sci
il pettine	l'orologio	la tenda
i soldi	la bicicletta	il sacco a pelo

16

6 DETTATO

● Senti. Ecco ________ dovrei forse ________________ _____ _________,
se non ti ___________. No, ________ tu a volte, quando ________ _____ leggere, ____ un'orecchietta _____ ___________, la pieghi per lasciare il segno.

■ Sì, ________ è un viziaccio che ____ ________ elementari.

● Sì, e ________ sarà che ____ _____ un po', così, meticoloso, pignolo eccetera, però ________ ______ ______ con le orecchiette, così, mi fa venire un po' ________ una ___________ nevrosi, e __________ se tu puoi evitare di farla ...

■ Ti giuro che eviterò di farla. Ci metto dentro _____ ______ _______________ come segnalibro.

● E se ________ tenermelo ________ un po' con cura.

■ _______________.

● Magari nella __________, e non fargli prendere acqua o ______ ________ del genere.

■ _____ ____ ____________________. Lo terrò custodito come un tesoro.

Sarà che sono un po' pignolo, ma ...

⑦

ESERCIZIO

Fate dei dialoghi secondo il modello.

> pignolo – fare l'orecchietta – evitare di farla
>
> ○ Sarà che sono un po' *pignolo*, però se tu puoi evitare di *fare l'orecchietta* ...
>
> □ Ti giuro, *eviterò di farla*.

a. apprensivo – tornare troppo tardi – tornare prima delle 11
b. permaloso – fare certi scherzi – evitare di farli
c. scrupoloso – dirlo in giro – non dirlo a nessuno
d. pignolo – lasciare le cose in giro – mettere tutto a posto
e. intollerante – fumare dentro casa – fumare solo sul balcone
f. rigido – telefonare troppo dall'ufficio – telefonare solo in caso di necessità

⑧

ESERCIZIO

Formate delle frasi unendo gli aggettivi della prima colonna con le frasi della seconda.

Sarà che io sono un po'...

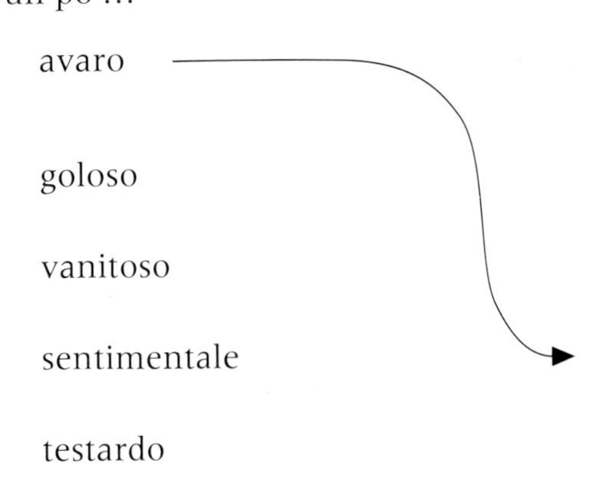

... però quando prendo una decisione nessuno può convincermi a cambiare idea.

... però in ufficio non andrei mai senza cravatta.

... però alla fine della Bohème piango sempre.

... però non spenderei mai tanto per un pranzo.

... però questa musica moderna proprio non mi piace.

... però davanti a un piatto di spaghetti non so dire di no.

9 ESERCIZIO

Un viziaccio è un brutto vizio. Come si dice di ...

a. una parola detta per offendere ______________________

b. un lavoro faticoso o fatto male ______________________

c. un brutto tipo ______________________

d. un cattivo ragazzo ______________________

e. una brutta giornata ______________________

f. una vita difficile ______________________

g. gente cattiva ______________________

h. una stoffa di cattiva qualità ______________________

i. un brutto carattere ______________________

10 ESERCIZIO

Cercate nei dialoghi e nel dettato le seguenti espressioni.
Come direste nella vostra lingua?
Scrivetelo qui sotto.

- sarà che io sono un po'... ______________________
- magari ______________________
- oserei ______________________
- se tu puoi ______________________

11 ESERCIZIO

Inserite adesso le espressioni nelle seguenti frasi.

a. Non stare sempre a casa. Esci, ____________________ vai a vedere un bel film.

b. ____________________ fissato con l'ordine, però, per favore, quando hai finito metti tutto a posto.

c. So che in questo periodo c'è molto lavoro, comunque ____________________ chiederLe qualche giorno di ferie.

d. Sai che io adesso sto preparando un esame e allora, ____________________ tenere basso il volume della radio ...

12 E ADESSO TOCCA A VOI!

A Mentre Lei sta ascoltando un compact che ha appena comprato, riceve la visita di un amico / un'amica che non compra mai dischi, ma che ha l'abitudine di chiederli in prestito agli amici per poi registrarli. Il problema è che non li tratta molto bene, non li rimette nella loro custodia dopo averli ascoltati e li restituisce pieni di impronte.

B Lei va a trovare un amico / un'amica che sta ascoltando un compact che Lei non conosce ancora, ma che Le piace subito. Lei sa che il Suo amico / la Sua amica tiene molto ai suoi dischi, però vuole provare a chiedergli / -le il disco per un paio di giorni per poterlo registrare.

(13)

LETTURA

Con *Navi in bottiglia*, Gabriele Romagnoli (Bologna, 1960) nel 1993 è entrato a far parte dei cinque finalisti di uno dei più importanti premi letterari italiani, il Campiello. Tutti i racconti contenuti in questo libro seguono due regole ferree: sono brevissimi e hanno un finale a sorpresa. Leggiamone uno.

Telefonate a Simone

Simone telefona a Laura. Ma lei non risponde. C'è invece una voce registrata su nastro, che dice: «È il 592241, lasciate un messaggio dopo il segnale acustico e sarete richiamati». Simone parla. La implora di perdonare. Di farsi viva. Dice parole d'amore. Il secondo «bip» lo costringe a riattaccare. Laura non richiama. Simone ritelefona. Ancora quella voce. Aspetta, poi lascia un altro messaggio, accorato. E poi uno ogni ora, per dieci giorni. Anche di notte. Tanto non dorme, Simone, perso d'amore per Laura. La cerca a casa, al lavoro. Sparita. Resta solo un numero di telefono. E una voce registrata. Dopo la quale inizia un breve vuoto da riempire di parole. Parole preparate in precedenza, per utilizzare meglio quello spazio.

Un numero e quella voce. Non quella di Laura, a ben pensarci. La voce di una donna diversa. Strana, incorporea. Simone la sente ancora a lungo. Continua a telefonare a Laura per settimane. Ma a intervalli più lunghi. Poi una volta al giorno. Infine guarisce, dimentica. Non telefona più. Passano altri giorni, settimane. È notte quando il telefono squilla. Simone risponde, il cuore in gola. Una voce strana, incorporea e supplichevole: «È il 592241, lasciate ancora un messaggio dopo il segnale acustico».

a. A chi appartiene secondo voi la voce «strana, incorporea e supplichevole» che alla fine del racconto telefona a Simone?

b. Cosa pensate dell'uso della segreteria telefonica? Vi sentite a vostro agio quando risponde una voce registrata su nastro?

ESERCIZIO

Ecco alcuni verbi presenti nel testo con l'indicazione della riga in cui si trovano. Uniteli ai loro significati.

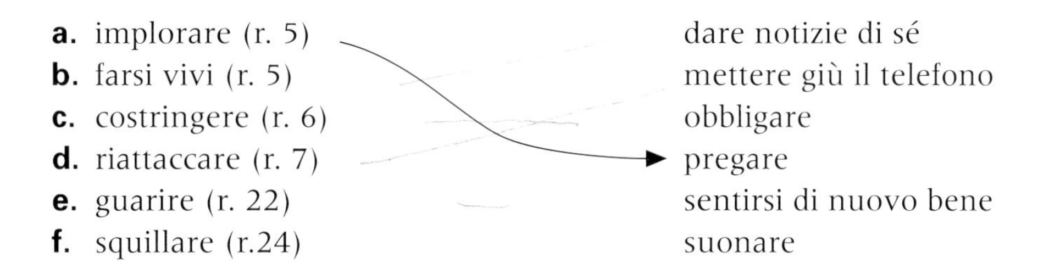

a. implorare (r. 5)
b. farsi vivi (r. 5)
c. costringere (r. 6)
d. riattaccare (r. 7)
e. guarire (r. 22)
f. squillare (r.24)

dare notizie di sé
mettere giù il telefono
obbligare
pregare
sentirsi di nuovo bene
suonare

E ADESSO TOCCA A VOI!

a. Provate ad immaginare due o tre messaggi che Simone lascia a Laura (per es. il primo giorno, dopo tre giorni, dopo una settimana).

b. Simone cerca Laura al lavoro. Immaginate una conversazione fra lui e un/una collega di Laura.

17

ASCOLTO

In questa intervista il professore Raffaele Simone, ordinario di linguistica presso l'Università di Roma, risponde alle domande di un giornalista sul rapporto che gli italiani hanno con i libri e con i giornali. Ascoltate l'intervista e rispondete alle domande.

a. In che cosa l'Italia è unica al mondo per quanto riguarda i quotidiani?

b. Quanti italiani in percentuale hanno almeno un libro a casa?

c. Quali sono, per gli italiani che non leggono libri, le fonti di sapere e di cultura?

d. Quante copie di giornali si stampano mediamente ogni giorno in Italia?

17

LETTURA

Vorrei qualcosa da leggere

La scena avviene in una grande libreria. A Roma. Scaffali fittissimi. Pile di best-seller ovunque. Commessi efficientissimi. Sembra di stare in un bazar, ci sono anche videocassette e magliette, poster, calendari e non so che altro. Entra un cliente: ha l'aria tranquilla, non si guarda intorno spaesato. Dimostra 45–50 anni ben portati. È vestito con gusto ed eleganza, e il suo aspetto rivela una buona posizione socio-culturale. Guarda sicuro una commessa carina, poi chiede: «Vorrei qualcosa da leggere». E basta, nessuna idea precisa. Momento di imbarazzo: in quella libreria ci saranno almeno 50 mila volumi: come si fa a dire qualcosa da leggere? Vuole saggistica? Narrativa? Preferisce dei gialli? O dei libri che raccontano l'attualità? O ancora delle novità alla moda? (...)

Per lui un libro vale l'altro. Forse lo deve regalare? Chiede la commessa mentre gli mostra di seguito un Fruttero e Lucentini, un Tabucchi, un De Crescenzo e uno Spadolini. No, è per lui. Ma non legge mai, proprio mai, si affretta a spiegare senza alcuna soggezione. Alla fine se ne esce dalla libreria: ha comprato una maglietta, con una frase di Heinrich Böll, dalle «Opinioni di un clown». Il libro no, quello non l'ha comprato, ancora una volta.

Il signore incontrato nella libreria di Roma non è un'eccezione. È la regola. Leggere in questo paese è un dramma nazionale e sociale. (...) Quelli che non leggono sono rimasti gli stessi dal 1955 ad oggi: da allora il paese è profondamente mutato. I consumi sono enormemente diversi. I livelli di reddito anche. Abbiamo le autostrade. Belle automobili. Meravigliose mostre. Siamo più belli, più alti, più magri. Tutto è diverso, proprio tutto, tranne una cosa: il livello di lettura. (...) Le statistiche dicono che il 30 per cento delle persone laureate (ovvero gente che ha passato qualcosa come 18 anni sui libri) dichiara di non leggere «nemmeno» un libro l'anno. Badate bene: neanche uno. Zero. E ancora un dato, per chiudere il quadro: il 34 per cento dei manager in Italia dichiara di non leggere neppure un libro l'anno. Anche qui: zero. Davvero vergognoso. (...)

(da *L'Espresso*, 5 gennaio 1995)

a. Che aspetto ha il cliente che entra in libreria?
b. In che cosa l'Italia non è cambiata dal '55 a oggi?
c. In che cosa invece è cambiata?
d. Quanti sono in percentuale gli italiani laureati che leggono almeno un libro all'anno? E quanti i manager?

ESERCIZIO

Ecco alcune parole o espressioni del testo con l'indicazione della riga in cui si trovano. Inseritele negli spazi vuoti, facendo attenzione anche al genere e al numero.

pile (r. 2)
efficientissimi (r. 3)
spaesato (r. 7)
momento di imbarazzo (r. 13)
soggezione (r. 24)

a. Una persona che lavora molto bene è ______________________.

b. Tanti libri uno sopra l'altro formano ______________________.

c. Una persona che è sicura di sé non ha ______________________.

d. Una persona che non si sente sicura in un posto è ______________.

e. Un attimo di difficoltà è ______________________________.

ESERCIZIO

Unite le parole del testo elencate nella colonna sinistra ai loro significati nella colonna destra.

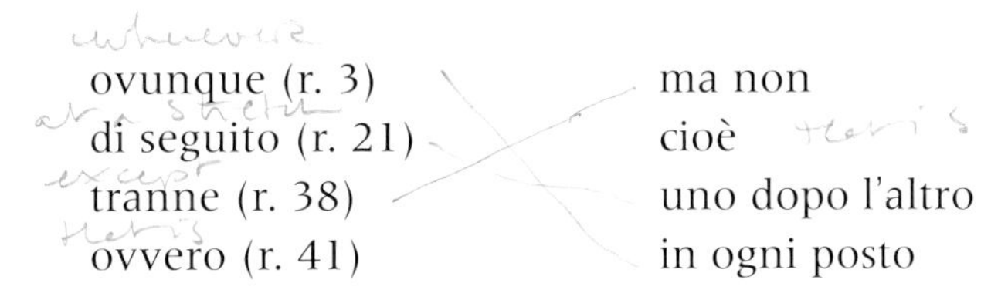

ovunque (r. 3)	ma non
di seguito (r. 21)	cioè
tranne (r. 38)	uno dopo l'altro
ovvero (r. 41)	in ogni posto

E ADESSO TOCCA A VOI!

a. Un comportamento come quello del cliente romano viene definito dall'autore del testo «la regola, non un'eccezione». Nel vostro paese, secondo voi, la situazione è diversa?

b. Qual è l'ultimo libro che avete letto? Vi è piaciuto o no? Perché?

c. Consigliate a un compagno un libro che vi è piaciuto.

21

TEST

I. Completate con i pronomi combinati.

a. Scusami, ho dimenticato di riportarti i dischi. __________ ridò domani.

b. Ti piace il mio nuovo orologio? __________ ha regalato mio padre.

c. Senta, signorina, __________ ripeto per l'ultima volta: quando sono in riunione, non voglio essere disturbato.

d. Se non avete i soldi, __________ presto io.

e. Dovremmo rinnovare la casa. __________ dicono tutti, ma non abbiamo i soldi.

f. A Marco piacciono i gialli. __________ regalerò uno per il suo compleanno.

g. Devo portare i bambini allo zoo. __________ ho promesso ieri.

h. Se non hai le sigarette, posso offrir__________ una io.

i. Ti piace questo whisky? La prossima volta che vado in Scozia __________ porto una bottiglia.

II. Completate con le preposizioni semplici o articolate.

a. Ho finito i soldi e devo chiederli _____ prestito a mio padre.

b. Luisa è molto gelosa _____ suoi dischi.

c. Ho un appuntamento _____ lavoro, ma sarò _____ ritorno prima _____ cinque.

d. Ti giuro, eviterò _____ fare l'orecchietta _____ pagina.

e. Che confusione! Sembra _____ stare allo stadio.

f. Hai qualcosa _____ leggere?

g. Come si fa _____ dormire con questo rumore?

LEZIONE 5

Com'è successo?

1

LETTURA

Vicenza, pedalava a tutta birra l'anziano ciclista sorpreso e multato dalla Stradale

In bici sull'autostrada: "Ero in ritardo"

VICENZA Pedalava come Indurain sulla corsia di sorpasso dell'autostrada. Francesco Amatori, 63 anni, originario di Malo in provincia di Vicenza, correva piegato sul manubrio della vecchia bici. Le auto in corsa sull'autostrada della Valdastico, fra Thiene e Dueville, lo hanno scartato per pochi centimetri. Poi gli automobilisti hanno chiamato gli agenti della Stradale. All'arrivo della pattuglia, Amatori pedalava ancora con quanto fiato aveva in gola. «Dovevo raggiungere gli amici all'osteria ed ero in ritardo» ha dichiarato ai poliziotti. E ha sgranato gli occhi: «Che c'è di male a correre con la bici? L'autostrada è fatta per accorciare le distanze».
Il coraggioso ciclista – che non era entrato in autostrada attraverso il casello, ma dai campi vicino a casa scavalcando il guard-rail – ha poi spiegato che aveva scelto la corsia di sorpasso per non disturbare troppo le auto in corsa. «Era in stato confusionale – hanno spiegato gli agenti – Lo abbiamo accompagnato a casa raccomandandogli di non fare più simili sciocchezze». E lasciandogli una multa di 50 mila.

(da *la Repubblica*, 27/7/94)

È vero?	**sì**	**no**
a. Quando Amatori ha visto la polizia si è fermato subito.	❑	❑
b. Amatori era sorpreso dell'arrivo della polizia.	❑	❑
c. Amatori è entrato in autostrada senza passare per il casello.	❑	❑
d. La polizia ha portato Amatori all'osteria dove lo aspettavano gli amici.	❑	❑

Il coraggioso ciclista non **era entrato** in autostrada attraverso il casello, ma dai campi vicino a casa.

Amatori **aveva deciso** di raggiungere gli amici all'osteria.

2 ESERCIZIO

Mettete i verbi al trapassato prossimo.

a. Amatori (scegliere) ________ ____________ la corsia di sorpasso per non disturbare troppo le auto in corsa.

b. Amatori (promettere) ________ ____________ agli amici di raggiungerli all'osteria.

c. Per entrare in autostrada Amatori (passare) ________ ____________ per i campi.

d. Amatori (uscire) ________ ____________ di casa deciso a raggiungere gli amici.

e. Mai prima di ieri Amatori (entrare) ________ ____________ in bici in autostrada.

3 ESERCIZIO

Trasformate le frasi nella forma indiretta.

a. Ha risposto: «Ho preso l'autostrada per arrivare prima.»

b. Hanno raccontato: «Abbiamo visto un ciclista sull'autostrada.»

c. Ha spiegato: «Sono entrato in autostrada scavalcando il guard-rail.»

d. Ha sostenuto: «Ho preferito la corsia di sorpasso per non disturbare gli automobilisti.»

e. Hanno confermato: «Lo abbiamo scartato per pochi centimetri.»

Lo abbiamo accompagnato a casa **raccomandandogli** di non fare più simili sciocchezze.

4

ESERCIZIO

Completate le frasi con il verbo al gerundio e il pronome necessario.

a. Lo abbiamo salutato __dicendogli__ di scriverci.

b. L'ho lasciato __ricordandogli__ di finire il lavoro.

c. Mi ha salutato __raccomandandomi__ di telefonare presto.

d. Gli ho prestato la macchina __raccomandandogli__ di andare piano.

e. L'ho accompagnata a scuola __dicendogli__ di comportarsi bene.

dire
ricordare
raccomandare
raccomandare
dire

E ADESSO TOCCA A VOI!

a. Quando gli automobilisti hanno visto il ciclista sull'autostrada hanno chiamato subito la polizia. E voi cosa fate se ...

- ○ qualcuno parcheggia l'automobile davanti al vostro garage o in seconda fila davanti alla vostra macchina?
- ○ vedete una macchina ferma sulla corsia di emergenza?
- ○ vedete una persona anziana accanto a una macchina con una ruota a terra?
- ○ avete parcheggiato in divieto di sosta e, quando tornate alla macchina, vedete che il vigile vi sta facendo la multa?
- ○ un pedone attraversa la strada col semaforo rosso davanti a un gruppo di bambini?
- ○ un ciclista usa il marciapiede invece della strada?

b. Avete mai avuto un'esperienza singolare viaggiando in strada o in autostrada? Avete mai assistito a un fatto insolito?
Parlatene in classe.

QUESTIONARIO

Claudio è in ospedale e Lorenzo va a trovarlo.

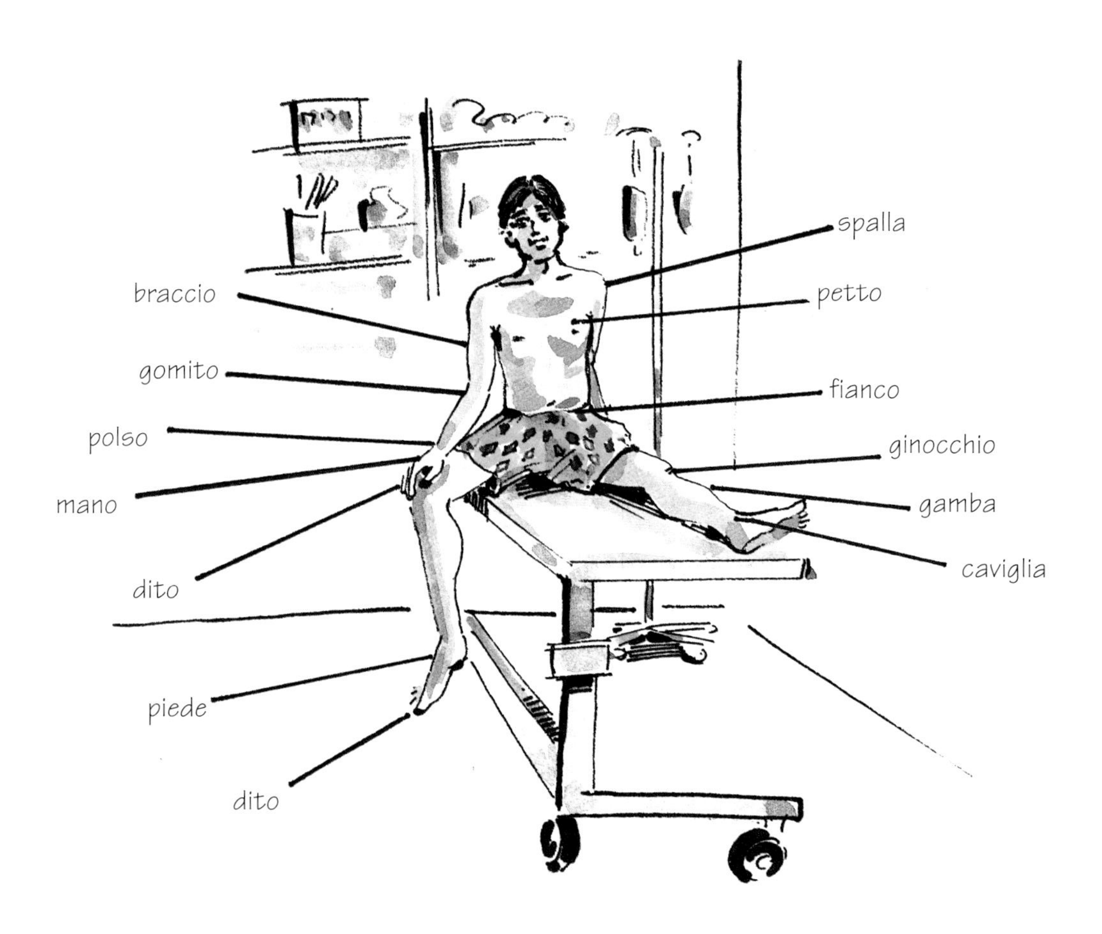

a. Dove si è fatto male Claudio?

____

b. Di chi è la motocicletta?

____

c. Che parte della motocicletta si è rotta?

Il fanale ❑
La forcella ❑
La ruota anteriore ❑

d. Quale di questi disegni raffigura l'incidente?

e. A che velocità andava Claudio?

	66		❑
A circa	70	km/h.	❑
	80		❑

f. Quanto tempo deve restare in ospedale Claudio?

____

g. Chi pagherà la riparazione della motocicletta?

____

DIALOGO

- ■ Come è successo? Chi ha torto? Chi ha ragione?
- ● Mah, per quello che ricordo io, avevo io torto perché la macchina veniva da destra.
- ■ E tu non le hai dato la precedenza. Bravo!
- ● Non l'ho proprio vista, guarda. Lì c'era una siepe piuttosto altina. Non ho visto neanche il muso della macchina.

ESERCIZIO

Ripetete le prime tre battute del dialogo. Sostituite a *la macchina veniva da destra* e a *tu non le hai dato la precedenza* le seguenti coppie di espressioni.

a. esserci uno stop – tu non fermarti
b. il semaforo essere giallo – tu passare
c. esserci il limite di velocità – tu non osservarlo
d. io venire da sinistra – tu non dare la precedenza
e. esserci un incrocio – tu non rallentare
f. esserci le strisce pedonali – tu non fermarti

ESERCIZIO

Abbinate i segnali stradali al loro significato.

a. senso vietato
b. divieto di svolta a sinistra
c. incrocio
d. passaggio a livello con barriere
e. sosta vietata
f. direzione obbligatoria
g. divieto di sorpasso

1.

2.

3.

4.

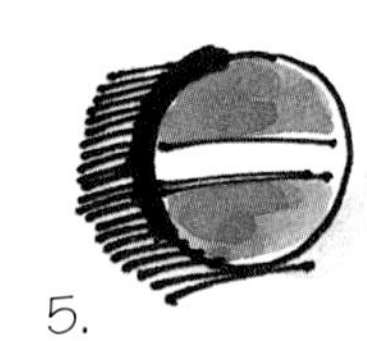
5.

6.

7.

10 E ADESSO TOCCA A VOI!

Quali delle sanzioni elencate qui sotto applichereste a chi ...

- ○ ritiro definitivo della patente
- ○ ritiro della patente per ... mesi / anni
- ○ multa di lire ...
- ○ rimozione della vettura
- ○ pena detentiva di ... mesi / anni
- ○ ripetizione dell'esame di guida

a. parcheggia sul marciapiede?

____

b. guida in stato di ebbrezza?

____

c. supera di 50 km all'ora il limite di velocità?

____

d. passa con il rosso?

____

e. non allaccia la cintura di sicurezza?

____

f. suona il clacson in prossimità di un ospedale?

____

g. lascia il motore acceso davanti a un passaggio a livello chiuso?

____

h. non rallenta in prossimità delle strisce pedonali?

____

i. non soccorre la persona che ha investito?

____

j. durante la manovra di parcheggio danneggia un'automobile e si allontana senza lasciare il proprio recapito?

____

E adesso confrontate con un vostro compagno di corso motivando le vostre scelte.

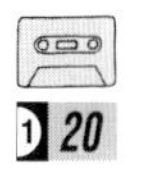

11

DETTATO

■ E ____ _____ ___ ___________ alla moto?

● Mah, per quel poco che ___________ ____ , si deve essere rotta la forcella. Però ________ , ci ___________ _____ soluzione.

■ Quale?

● C'è un ______________ _________ _________ che conosco io. ____ ______________ anche alcuni anni alla Gilera, _________ ___ _________.

■ ___________ gratis, _________ ______________?

● Non ___________ gratis, _____ ___ ____ _________, e se tu mi lasci fare, ____ ___________ agevolarmi, ___________ farmi un prezzo di favore. Però io non ho ___ _________ _________. ___________ anticiparmeli tu e poi ____ ____ ____ ridò piano piano.

Si deve essere rotta Deve essersi rotta	la forcella.
Si devono essere rotti Devono essersi rotti	i freni.

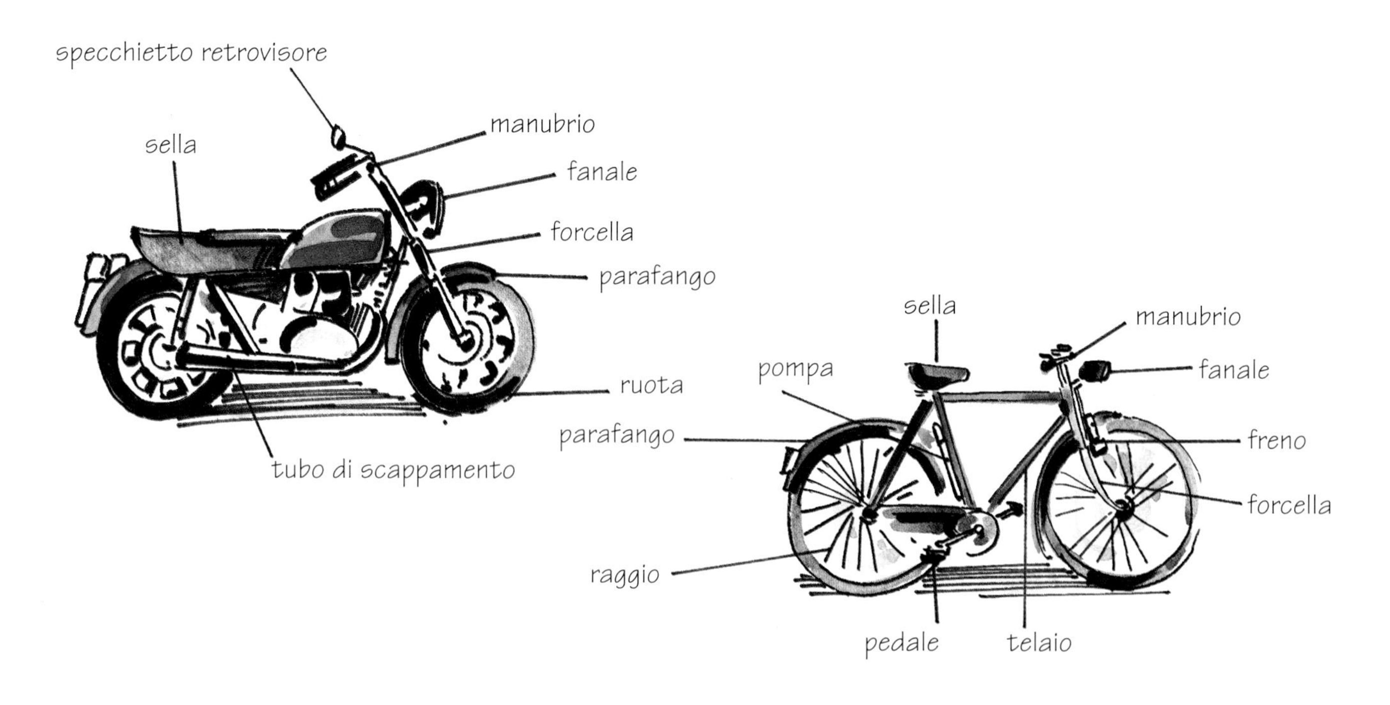

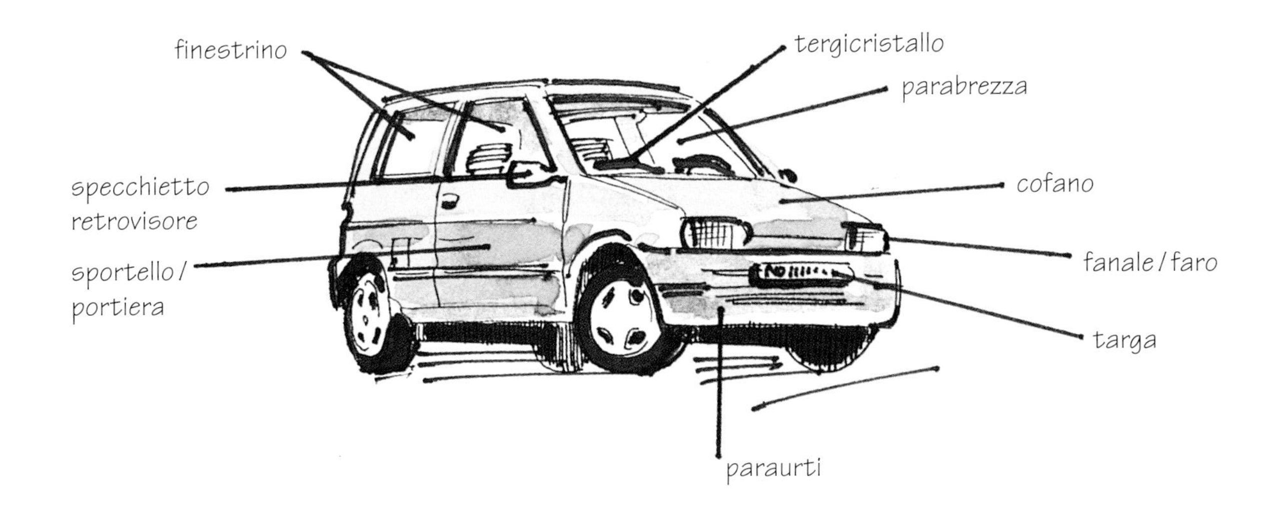

ESERCIZIO

Ripetete le prime due battute del dialogo fino a *forcella*.
Sostituite *moto, rompersi, forcella* con le seguenti serie.

a. macchina – ammaccarsi – sportello
b. bicicletta – piegarsi – telaio
c. moto – rompersi – fanale
d. vespa – rompersi – frizione
e. macchina – rompersi – tergicristallo
f. bicicletta – spezzarsi – alcuni raggi
g. moto – ammaccarsi – parafango

ESERCIZIO

13

Guardate le vignette e raccontate come si è svolto l'incidente.

Ecco alcuni verbi che potete usare.

- andare a ... all'ora
- attraversare
- frenare
- rallentare
- perdere il controllo
- sbandare
- investire
- andare a sbattere contro

14

LETTURA

In città pedalando

Non solo sport, non solo svago. La bicicletta sta diventando un mezzo alternativo a bus e auto, soprattutto nel centro-nord dove si diffondono piste ciclabili e isole pedonali.

Eccoli i pasdaran del pedale, i fondamentalisti della forcella. Si gettano impavidi fra le ruote di un autobus e il paraurti di un taxi. Si arrampicano per salite impossibili e raggiungono in volata, spesso prima dei colleghi, il posto di lavoro. Ma è davvero un'impresa così eroica andare in bicicletta in città? Uno sguardo superficiale sulle nostre metropoli non può che confermare l'eroismo dei ciclisti cittadini. A Ragusa si è arrivati perfino a vietare l'uso delle biciclette sul lungomare. Ma in tutto il sud le automobili regnano sovrane: a Lamezia Terme, Macerata, Trani e Barletta i ciclisti si sfogano fuori città. A Salerno c'è una pista ciclabile, sul lungomare: ben 2500 metri per un metro e mezzo di larghezza!

A Napoli va un po' meglio grazie alle isole pedonali nella zona della Villa Comunale, di Piazza del Plebiscito o a quelle di Spaccanapoli. A Roma ci sono due piste ciclabili: quella di Viale Angelico, realizzata per i mondiali del '90, e quella lungo il Tevere che arriva fino a Castel Giubileo: un tragitto più adatto ai ciclisti della domenica che a chi usa la bicicletta per raggiungere il posto di lavoro.

Salendo verso il nord dell'Italia la situazione migliora: a Firenze, Foligno e Mantova le piste ciclabili non sono molte, ma le isole pedonali sono ormai un fatto acquisito. A Forlì spetta sicuramente il primato della bicicletta, come del resto a tutta la Romagna, ma anche quello delle vittime di questa silenziosa guerra contro le auto: nel 1993 sono stati investiti ben 177 ciclisti. Milano vanta tre piste ciclabili: la più lunga è quella che segue il Naviglio Martesana dal Parco Lambro fino a Cassina de' Pomm. Le piste sono ben collegate fra loro e sono infatti molto usate dai ciclisti, ma la manutenzione viene poco curata e le auto ci posteggiano sopra indisturbate. Meglio di tutte ha fatto Vicenza: ben 12 chilometri di piste ciclabili e una situazione in continua evoluzione. (...)

(da *ECO, la nuova ecologia*, aprile 1995)

Com'è nelle città segnate sulle cartina la situazione per chi vuole girare in bicicletta? Indicatelo mettendo nelle caselle la lettera che corrisponde al vostro giudizio.

P = situazione pessima
A = situazione accettabile
B = situazione buona
O = situazione ottima

Sono stati investiti ben 177 ciclisti.
Le piste **sono** molto **usate dai** ciclisti.
La manutenzione **viene** poco **curata**.

ESERCIZIO

Trasformate le frasi dalla forma attiva in quella passiva secondo il modello.

> Un automobilista di passaggio *ha portato* il ciclista in ospedale.
> → Il ciclista *è stato portato* in ospedale da un automobilista di passaggio.

a. La polizia ha fermato i due automobilisti.

sono stati fermati da ____________________

b. I carabinieri hanno accompagnato a casa la donna.

e stato accompagnata a c. dai ____________________

c. Un vigile ha aiutato la signora a rialzarsi.

e stata rialzata aiutata a rialzarsi da un.

d. Un passante ha avvertito la polizia.

e stato avvertito da ____________________

e. Gli agenti hanno ascoltato le due donne.

e state ascoltate dagli ____________________

16 ESERCIZIO

Completate le frasi secondo il modello con i verbi al presente nella forma passiva.

> In molte città italiane le piste ciclabili *vengono usate / sono usate* più dai motociclisti che dai ciclisti.

a. Spesso molti segnali stradali non (rispettare) ____________ ____________ dagli automobilisti.

b. In autostrada il limite di velocità (osservare) ________ ____________ da pochi.

c. Gli automobilisti che parcheggiano in divieto di sosta (punire) ____________ __________ con multe che superano anche le 100.000 lire.

d. Oggi, a causa di un incidente, il traffico (deviare) ________ __________ dall' autostrada A-12 alla strada statale n°1.

e. Ogni anno per la festa del patrono l'intero centro (chiudere) ________ __________ al traffico dalle ore 7.00 alle 20.00.

f. Le città d'arte italiane (visitare) ____________ ____________ ogni anno da milioni di turisti.

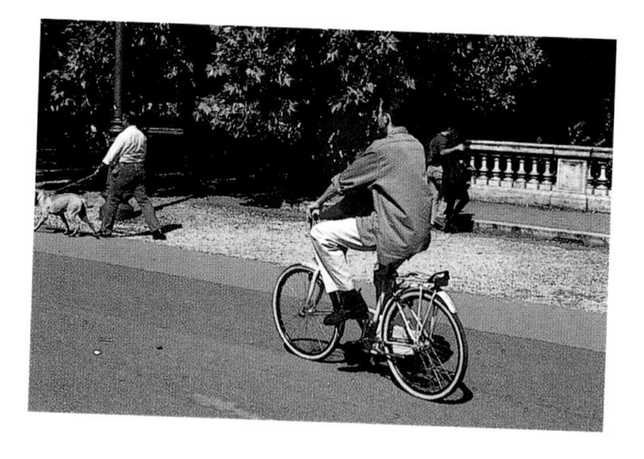

17 E ADESSO TOCCA A VOI!

Avete una bicicletta? Con che frequenza la usate? Sapreste spostarvi in città solo con la bicicletta o siete anche voi, come molti italiani, fanatici dell'automobile?

21

ESERCIZIO

Onda verde è una trasmissione che fornisce agli automobilisti informazioni sul traffico e sulla viabilità.

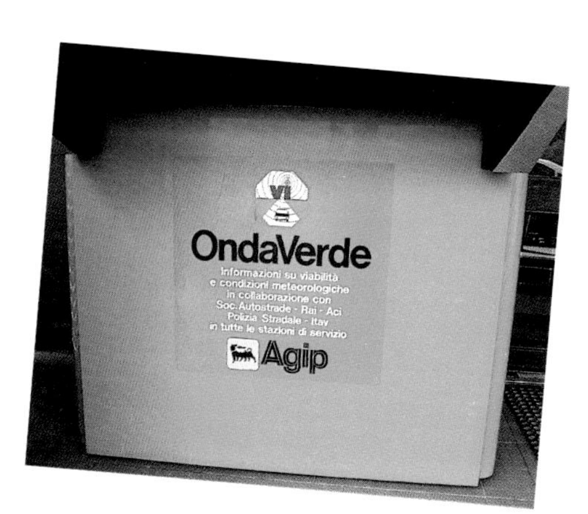

Ascoltate il notiziario e svolgete l'esercizio nel modo indicato.

Pioggia battente	tra Campotenese e Morano
Incidente	tra Giardini-Naxos e Catania
Rallentamenti	in Calabria e Sicilia
Frana	nei pressi di Melito Porto Salvo
Allagamenti	sulla A 10 Genova-Ventimiglia
Vento forte	tra Bianco e Brancaleone
Vento e nebbia	tra Bovalino e Rocella Jonica.

TEST

I. Completate con le parole mancanti.

Lorenzo vuole sapere chi ha ________ e chi ha ragione. Claudio risponde che, per ______ poco che ricorda lui, la colpa è _____ perchè la macchina __________ da destra e lui non le ha dato la _________________ , anzi non l'ha proprio vista perché lì all'incrocio c'era una siepe piuttosto alta. Ma che cosa ____ _____________ alla moto? Claudio dice che si deve ________ ______ la forcella, ma che comunque lui conosce un bravo meccanico che potrebbe fargli un prezzo di __________.

II. Trasformate le frasi secondo il modello.

> Lo hanno accompagnato a casa *e gli hanno lasciato* una multa di 50.000 lire.
>
> Lo hanno accompagnato a casa *lasciandogli* una multa di 50.000 lire.

a. L'ho salutato e gli ho raccomandato di telefonarmi presto.

____

b. Gli ho telefonato e li ho pregati di spedirmi al più presto i libri.

____

c. Se ne sono andati e mi hanno detto di non fare troppo rumore.

____

d. Le ho dato le chiavi e l'ho pregata di non tornare troppo tardi.

____

e. È partito e mi ha lasciato il cane per una settimana.

____

III. Completate il testo con il passivo dei seguenti verbi.

Accompagnare – avvertire – fermare – raggiungere – vedere

Francesco Amatori, 63 anni, ____________________ sull'autostrada mentre pedalava a tutta birra sulla corsia di sorpasso. La polizia ____________________ immediatamente e dopo pochi minuti l'anziano ciclista ____________________ e ____________________ dagli agenti della Stradale. L'uomo, visibilmente confuso, si è giustificato dicendo che doveva raggiungere gli amici all'osteria. Quindi ____________________ a casa dagli agenti che gli hanno raccomandato di non ripetere più simili sciocchezze.

LEZIONE 6

Non so che dirLe!

22

QUESTIONARIO

La signora De Rossi suona alla porta della vicina, la signora Federici.

a. La signora Federici abita nell'appartamento sopra o sotto quello della signora De Rossi?

____

b. Quanti bambini ha la signora Federici?

____

c. Com'era la casa in cui la signora Federici abitava prima?

____

d. Per quali motivi la signora De Rossi si lamenta con la signora Federici?

____

e. Qual è la professione dei signori De Rossi?

____

DIALOGO

■ Signora, io avrei una cortesia da chiederLe.
● Mi dica.
■ Lei credo abbia due bimbi, no?
● Sì.
■ Due bambini ancora piuttosto piccoli, mi sembra.
● Sì, beh, sono un po' vivaci, vero?
■ Sì, appunto.
● Mi dispiace.
■ È proprio di questo che vorrei parlarLe. Perché sa, mio marito ed io ci alziamo prestissimo la mattina e spesso nel pomeriggio vorremmo, così, fare un sonnellino e ci sono sempre i bambini che giocano, che buttano la palla, che giocano con il trenino … Non so con che cosa giochino.
● Eh, sì, sono un pochino vivaci, lo so.

Lei, credo,	**abbia** due bimbi.
Credo che Lei	**sia** straniero.
	non **parli** bene il tedesco.
Mi sembra che Lei	**viva** a Milano.
Lei, mi sembra,	**finisca** di lavorare tardi.
Non so	con che cosa **giochino**.

ESERCIZIO

Ripetete il dialogo secondo il modello.

avere due bimbi – due bambini piuttosto piccoli

□ Lei credo *abbia due bimbi*, no?
○ Sì.
□ *Due bambini piuttosto piccoli*, mi sembra.

a. lavorare in un ministero – al Ministero degli Esteri
b. conoscere le lingue – il francese e l'inglese
c. avere una macchina – una Fiat Tempra
d. avere una casa al mare – a Rimini
e. vivere all'estero – in Svizzera
f. abitare in questo palazzo – al quinto piano
g. partire la prossima settimana – martedì
h. studiare a Venezia – chimica
i. capire il francese – abbastanza bene

4 ESERCIZIO

Completate le frasi secondo il modello.

> Ci sono sempre i bambini che *giocano*,
> non so con che cosa *giochino*.

a. Mio figlio guarda sempre la TV, ma non so che programma __________.

b. Luigi dorme sempre la mattina, ma non so fino a che ora ___________.

c. So che Giulio vive in Francia, ma non so in che città _______________.

d. I Rossi pagano molto d'affitto, ma non so bene quanto ______________.

e. Via Roma è da queste parti, però non so di preciso dove ____________.

f. So che ha molti cugini, però non so di preciso quanti ne ____________.

5 DETTATO

■ E poi ci __________ ancora un'altra cosa, __________, ____ ________.

● Sì.

■ La ________, ________ Lei e Suo marito avete l'abitudine di _____________ _____ _____________fino a tardi.

● No, questa è mia suocera.

■ Ah, questa è Sua suocera. Sì, _____ ________ ________ questa cortesia da chiederLe ... cioè, sa come sono ____ ________ ________, le pareti ______ ________ sottili, e ____ ________ proprio ________.

● __________, sono desolata, _____, ____ __________, anch'io ho delle _______________.

■ Certo.

● Sto cercando di ambientarmi __________ e cerco ________ di _______________ i _____________. Ho _____________ anche con _____ _______________. Però ecco, non so che dirLe, ____ _____________. Cercheremo di ________ più tranquilli.

6 ESERCIZIO

Rileggete il dialogo e il dettato e cercate le espressioni che la signora De Rossi usa per chiedere un favore e quelle che la signora Federici usa per scusarsi o per chiedere comprensione per la sua situazione.

7 E ADESSO TOCCA A VOI!

A Da qualche settimana Lei si è trasferito/-a con la sua famiglia in periferia. La palazzina dove abita al primo piano si compone di quattro appartamenti tutti abitati da persone gentili e cordiali. Anche il vicino del piano terra (quello con il giardino) è una persona cortese. Però il suo cane ... Quando abbaia si sente in tutta la zona, e sembra si diverta ad abbaiare proprio quando Sua moglie/Suo marito, che è musicista, si esercita al violino. Come ci si può concentrare con quella bestiaccia? Lei ha deciso di parlarne all'inquilino del piano di sotto, così scende e suona alla porta.

B Lei abita al piano terra in una palazzina in periferia composta da quattro appartamenti. Il Suo è un bell'appartamento con giardino dove Lei vive da solo/-a con Fido, il Suo cane. In passato c'è stato qualche problema con i vicini perché il cane abbaiava soprattutto la notte. Adesso però si è calmato. Anzi si era calmato, perché da qualche settimana ha ricominciato. Non è colpa sua. La moglie/il marito del nuovo vicino/della nuova vicina del piano di sopra è musicista, e ogni volta che si esercita al violino il cane, che non è abituato a quei suoni, comincia ad abbaiare. Sicuramente qualche vicino prima o poi protesterà, e forse è proprio un vicino quello che adesso suona alla porta.

8 **LETTURA**

Affari di famiglia

di Rita Dalla Chiesa

Non ci fanno giocare

Io e le mie amiche alle cinque del pomeriggio scendiamo in cortile a giocare, ma purtroppo una signora molto, ma molto antipatica si lamenta gettandoci addosso dei secchi pienissimi d'acqua. Noi non le diamo retta perché crediamo di avere tutto il diritto di giocare. Tu cosa ci consigli?

(Alessandra Bernardi, Ginosa — TA)

A questo punto, invece di rispondere io, tanto quello che penso l'ho scritto più volte, faccio rispondere 5 una mamma, che ci ha scritto sullo stesso argomento. La signora Letizia Comparini di Monza. «Sono una mamma giovane con due bambini, di quattro e sei anni. Vorrei 10 rispondere alle lettere un po' infelici che ti sono state inviate sul problema del gioco dei bambini. In Italia, come in ogni altra parte del mondo, si parla tanto dei nostri 15 figli, ma proprio per questi bambini nessuno fa niente o quasi. I bambini disturbano al mare come in montagna, nei ristoranti come negli alberghi, in casa come all'aperto. 20 E come mamma questo mi sembra veramente vergognoso. Nei cortili dei condomini non si può giocare a pallone, non si può andare in bicicletta, non si può andare sui 25 pattini, non ci si può rincorrere perché si crea schiamazzo. E allora ai nostri bimbi che giochi possiamo far fare? Il gioco del niente! Gli inquilini anziani saranno tutti felici e noi ci ritroveremo con dei figli 30 scemi. Io credo che da entrambe le parti ci voglia un po' di rispetto, tolleranza e soprattutto un po' di amore per l'infanzia. E comunque mi sembra impossibile che, ogni 35 volta che i bambini giocano in cortile, ci sia sempre qualcuno con il mal di testa, il mal di denti, la depressione o che fatalmente, proprio in quel momento, ha deciso 40 di coricarsi per un sonnellino. (...) Io credo che i bambini di ieri siano stati uguali, sotto l'aspetto del gioco, ai bambini di oggi. Forse sono cambiati gli adulti, sono diven- 45 tati più insofferenti. Lasciamo che i nostri bambini crescano giocando, finché è possibile, perché il gioco è maturità, istinto, vita. E sono sicura che qualche adulto, vedendoli gio- 50 care, avrebbe sicuramente qualcosa da imparare. (...)»

9 **ESERCIZIO**

Cercate nella lettera della signora Comparini i verbi al congiuntivo. Da che cosa dipendono?

Forse Secondo me	i bambini **disturbano**. gli adulti **pretendono** un po' troppo. gli adulti non **capiscono** le esigenze dei bambini. **ci vuole** un po' di rispetto. i bambini **fanno** troppo rumore. gli adulti **sono cambiati**.

Credo che Penso che	i bambini **disturbino**. gli adulti **pretendano** un po' troppo. gli adulti non **capiscano** le esigenze dei bambini. **ci voglia** un po' di rispetto. i bambini **facciano** troppo rumore. gli adulti **siano cambiati**.
Mi sembra impossibile che	**ci sia** sempre qualcuno con il mal di testa.
Lasciamo che	i nostri bimbi **crescano** giocando.

10

ESERCIZIO

Trasformate le seguenti asserzioni in opinioni. Ecco alcune espressioni che potete usare.

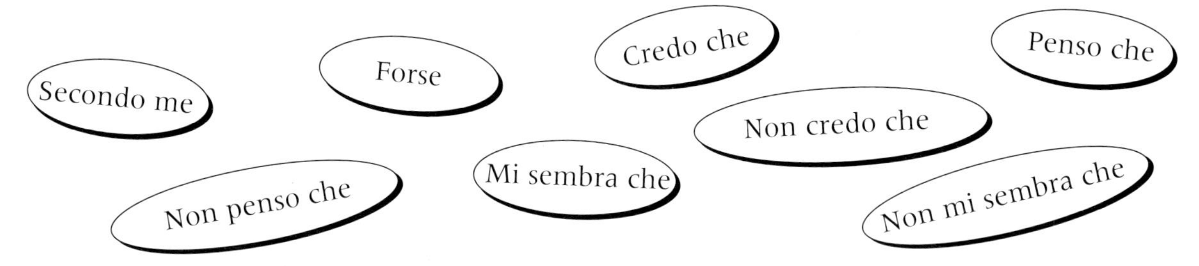

a. Il tuo bambino guarda troppo la TV.
b. Suo figlio ha fatto molti progressi.
c. I bambini di Carlo sono viziati.
d. Carla è stata molto gentile con Franco.
e. Tu ieri sera hai bevuto un po' troppo.
f. Franco è un po' geloso dei suoi libri.
g. Tu usi troppo la macchina.
h. Mario conosce bene l'inglese.
i. Tu hai dei pregiudizi contro gli stranieri.
j. Voi siete poco informati.
k. Tu sei riuscito a capire come funziona il computer.

Crediamo di avere tutto il diritto di giocare.
La mamma crede che i bambini abbiano il diritto di giocare.

11 ESERCIZIO

di + infinito o *che* + congiuntivo?

a. Noi bambini pensiamo (la signora essere antipatica)
b. La signora non sa (essere antipatica ai bambini)
c. Io credo (non fare rumore quando gioco)
d. Ai vicini sembra (i bambini fare troppo rumore)
e. La mamma pensa (gli adulti essere intolleranti)
f. La gente pensa (i bambini disturbare dovunque)
g. Gli adulti non pensano (pretendere troppo)
h. I bambini credono (gli adulti pretendere troppo)
i. Alessandra crede (avere il diritto di giocare in cortile)

E ADESSO TOCCA A VOI!

a. Scrivete una lettera ad un giornale in cui vi lamentate di qualcosa che succede nel vostro condominio.
b. Avete mai avuto problemi con i vicini? Parlatene con un compagno.

13

LETTURA

Luciano De Crescenzo, napoletano, ex ingegnere della IBM, nel 1977 ha esordito con *Così parlò Bellavista* diventato immediatamente un best-seller. Da questo libro è estratto il seguente brano.

«L'abitazione tipica inglese (...) è costituita da un ingresso, da un viale di accesso attraverso un piccolo giardino, da alcune camere di rappresentanza al piano terra e da qualche camera da letto al piano superiore. Ora, accanto a questa casa che vi ho descritto, ce ne è un'altra uguale e poi un'altra uguale ancora. Cioè, voglio dire, non è che per risparmiare abbiano detto: adesso facciamo un grande palazzo con un solo ingresso, una sola scala, e tanti appartamenti. Nossignore, là ognuno desidera il suo ingresso, il suo giardino, la sua scala personale interna, così che potrà vivere senza sapere come si chiama il vicino di casa, senza sapere chi è, che fa, come è fatto, eccetera, eccetera; e, con uguale convinzione, desidera sopra ogni cosa al mondo, che anche i suoi vicini lo ignorino e ricambino questa indifferenza nei suoi riguardi.»

«Io,» dice Saverio «del mio quartiere so tutto.»

«E per forza, perché a Napoli ci sono le corde tese da palazzo a palazzo per stendere i panni, e su queste corde le notizie corrono e si diffondono» dice Bellavista. «E già, perché se ci pensate bene un momento per stendere una corda tra il terzo piano di un palazzo ed il terzo piano di un altro palazzo è necessario che le signore inquiline dei suddetti appartamenti si siano parlate, si siano messe d'accordo: «Signò, adesso facciamo una bella cosa, mettiamo una corda fra noi e voi, così ci appendiamo il bucato tutt'e due. Voi il bucato quando lo fate? Il martedì? Brava, allora vuol dire che noi lo faremo il giovedì che così non ci possiamo *tozzare*.» È nato il colloquio ed è nato l'amore. (...) «Dopo stesa la prima corda» continua il professore «le nostre signore diventeranno più intime, litigheranno e si riappacificheranno, si metteranno insieme per litigare con le signore del piano di sotto fino a diventare amiche di queste ultime. Ovviamente il sistema ha i suoi inconvenienti, i suoi prezzi da pagare. E quindi nulla di ciò che accade in una delle case può essere tenuto nascosto alle altre: amori, speranze, compleanni, corna, vincite al lotto e diarree, tutto dovrà essere di pubblico dominio.»

a. Che differenza c'è fra l'abitazione di tipo inglese e quella napoletana?

b. Quali sono i vantaggi e gli svantaggi del modello inglese e di quello napoletano?

14

ESERCIZIO

Quanti congiuntivi ci sono nel brano? Da che cosa dipendono?

15

E ADESSO TOCCA A VOI!

a. Dovendo scegliere preferireste un vicinato di tipo inglese o napoletano? Perche?

b. Provate a scrivere un testo in cui descrivete i rapporti di vicinato nel vostro quartiere.

16

TEST

I. Indicativo o congiuntivo? Completate le frasi.

a. Ho saputo che Franco (avere) ______ __________ un incidente due giorni fa.

b. Mario, mi sembra che ti (cercare) ______ __________ qualcuno stamattina.

c. Penso che adesso (essere) ________ un po' tardi per andare al cinema.

d. Secondo me (avere) ________ ragione tu.

e. Il nuovo vicino (essere) ________ tedesco, ma mi sembra che (parlare) ________ abbastanza bene l'italiano.

f. Telefona a Mario. Penso che a quest'ora (tornare) _____ ___________ a casa.

II. Completate con le preposizioni.

a. Sono una mamma giovane ____ due bambini, ____ quattro e sei anni.

b. I bambini disturbano ____ mare come ____ montagna.

c. ____ cortili non si può giocare ____ pallone, non si può andare ____ bicicletta, non si può andare ____ pattini.

d. Io credo che ci voglia un po' ____ rispetto ____ l'infanzia.

e. Mi sembra impossibile che ci sia sempre qualcuno ____ il mal ____ testa.

LEZIONE 7

Mio figlio come al solito

1

LETTURA

Si baciano in classe, sospesi dal preside

VARESE – Li ha sorpresi il preside mentre, teneramente abbracciati, si baciavano seduti sul davanzale della finestra. Per Rebecca e Cristian, 17 e 16 anni, studenti del liceo artistico Frattini di Varese, è arrivata subito la punizione: sono stati sospesi dalle lezioni per cinque giorni. (...)
«Nessun intento repressivo – dice il capo dell'istituto, Bruno Chiaro – , occorreva un provvedimento severo per rispetto dell'istituzione scolastica. I regolamenti sono chiari».
La decisione ha sollevato immediate polemiche. Genitori e studenti si sono trovati uniti nel protestare contro una punizione che giudicano eccessiva. E per oggi i compagni di Rebecca e Cristian hanno annunciato uno sciopero. Anche il professore che era in aula durante il bacio dello scandalo, ma che non ha assistito alla scena, è solidale con i ragazzi: «Credo che il preside abbia preso una decisione avventata. Sarebbe bastata una ramanzina».
«Non stavamo facendo nulla di male – si difendono i ragazzi –. Ci eravamo baciati già altre volte in classe e i professori avevano sempre chiuso un occhio. Siamo nel Duemila e forse certe mentalità sono un po' sorpassate». Oggi i genitori si recheranno dal preside per chiedere spiegazioni. «Ma quale atto scandaloso! – dicono –. Se c'è un regolamento che vieta di baciarsi a scuola, vogliamo leggerlo. Ma forse gli insegnanti farebbero meglio a occuparsi di fatti più gravi che succedono nelle scuole».
(dal *Corriere della sera*, 26/3/94)

Vero o falso? | v | f

	v	f
a. Cristian e Rebecca sono stati sorpresi da un loro insegnante mentre si baciavano.	❑	❑
b. I genitori degli studenti sono d'accordo con il preside.	❑	❑
c. Il professore che era in classe mentre i ragazzi si baciavano è d'accordo con i ragazzi.	❑	❑
d. Era la prima volta che i ragazzi si baciavano in classe.	❑	❑

2

ESERCIZIO

a. Unite i seguenti aggettivi contenuti nel testo ai loro significati.

a. immediato (r. 19)
b. eccessivo (r. 23)
c. solidale (r. 29)
d. avventato (r. 32)
e. sorpassato (r. 41)

1. che è d'accordo
2. antiquato
3. che avviene subito
4. che è fatto senza riflettere
5. esagerato

b. Cercate nel testo i verbi che si abbinano ai seguenti sostantivi.

_______________ una decisione

_______________ polemiche

_______________ spiegazioni

_______________ uno sciopero

c. Unite i seguenti verbi ai loro significati

a. assistere (r. 29)
b. recarsi (r. 42)
c. vietare (r. 46)

1. andare
2. non permettere
3. essere presente e vedere

d. Cercate nell'articolo le parole necessarie per completare l'opinione di quest' insegnante.

Secondo me il preside ha esagerato con quei due ragazzi. Certo un _______________ era necessario, però io al posto suo invece di dargli una _______________ così severa, li avrei chiamati in presidenza e gli avrei fatto semplicemente una _______________. Così avremmo sicuramente evitato tante _______________.

Il preside li ha sorpresi **mentre si baciavano**.

Il professore che era in aula **durante il bacio** è solidale con i ragazzi.

3

ESERCIZIO

Trasformate le frasi sostituendo *mentre* a *durante* e viceversa.

a. Mentre viaggiava Carla si è sentita male.

____

b. Mentre pranzavano è successa una cosa antipatica.

____

c. Durante il sonno a volte mi capita di parlare.

____

d. Durante la corsa sentivo degli strani dolori al fegato.

____

e. Durante il ritorno in treno pensavo a quello che il direttore mi aveva detto.

____

f. Ti ho detto tante volte di non chiamarmi mentre lavoro!

____

g. Mentre salivo con la funivia, mi sono sentito male.

____

h. Durante la passeggiata ci siamo accorti di aver dimenticato i panini in macchina.

____

i. Mentre cenavano gli ospiti hanno discusso dell'ultima crisi di governo.

____

Sarebbe bastata una ramanzina.
Io gli **avrei fatto** semplicemente una ramanzina.

ESERCIZIO

Completate le frasi con il condizionale passato dei seguenti verbi.

baciare – cercare – comportarsi – dare – essere evitare – fare – perdonare – punire

a. Il preside ha esagerato, io non ____________ tanta importanza a quello che è successo.

b. Gli studenti ____________ meglio a non scioperare.

c. Mio figlio non ____________ così.

d. Io non ____________ la mia ragazza in classe.

e. Noi insegnanti non ____________ quei ragazzi così severamente.

f. Sarà che a me non piace litigare, ma io ____________ di entrare in polemica con il preside.

g. Noi non ____________ a nostro figlio un simile comportamento.

h. Tu al posto del preside ____________ così severo?

i. Io ____________ di discutere con i ragazzi invece di punirli.

E ADESSO TOCCA A VOI!

a. Ecco alcune opinioni raccolte dal giornalista.

b. A quali di queste opinioni vi sentite più vicini? Discutetene con un compagno.

25

6

QUESTIONARIO

Marco si lamenta con Luciana del comportamento del figlio.

Segnate con una crocetta le affermazioni esatte.

a. Il figlio di Marco ...

- ha 17 anni. ❑
- guarda spesso la TV. ❑
- vuole passare le vacanze con la sua ragazza. ❑
- vuole passare le vacanze in albergo con i genitori. ❑
- vuole lavorare in un albergo. ❑
- ama viaggiare. ❑

b. Marco ...

- non conosce la ragazza di suo figlio. ❑
- non riesce a parlare con il figlio. ❑
- non vuole dare dei soldi al figlio. ❑
- non sa più che fare con il figlio. ❑

c. Luciana pensa che ...

- Marco sia debole con il figlio. ❑
- Marco sia troppo esigente con il figlio. ❑
- Marco sia uguale al figlio. ❑
- il figlio di Marco abbia ragione. ❑

26

DIALOGO

- ■ Ehi Marco, che faccia!
- ● Eh sì. Mio figlio come al solito. Beh, conosci la mia situazione.
- ■ Eh sì.
- ● Sai questo ragazzo che in casa risponde sempre a monosillabi. Non ci si può mai fare un discorso insieme. Poi sempre piantato davanti a quel televisore.
- ■ Sì, ma cosa pretenderesti tu? Ascolta Marco: secondo me sei un attimino troppo esigente.
- ● No. Poi guarda, combinazione ha voluto che abbia trovato una ragazza che è come lui, identica.
- ■ No, guarda, io penso che tu pretendi un pochino troppo.

Non si può fare un discorso **con lui**.
Non **ci** si può fare un discorso.

ESERCIZIO

Completate le frasi secondo il modello usando i verbi sottostanti.

Mio padre è troppo all'antica, *non ci si può ragionare*.

a. Questa macchina si rompe sempre, ____________________ un viaggio così lungo.

b. È inutile, mia figlia vuole sempre avere ragione, ____________________ ____________________.

c. Questo vocabolario ormai è vecchio, ____________________.

d. Vittorio quando perde a poker si arrabbia, ____________________ ____________________.

e. Donatella è molto permalosa, ____________________.

f. Questa padella ormai è troppo vecchia, ____________________ ____________________.

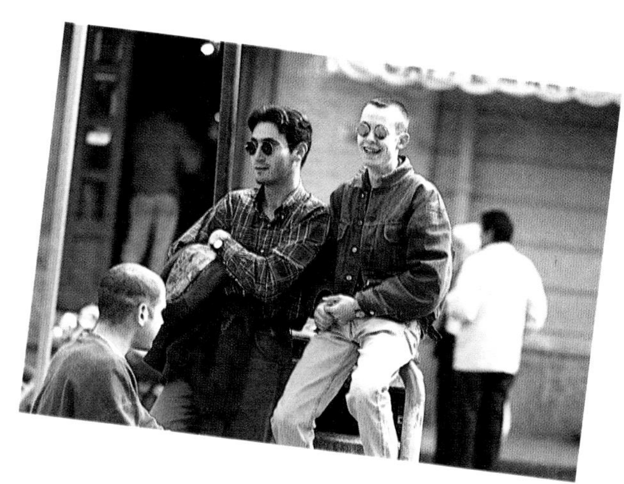

Secondo me sei un attimino troppo esigente.
Io penso che tu pretendi un pochino troppo.

9

ESERCIZIO

Unite gli aggettivi della prima colonna alle locuzioni della seconda.

Troppo indulgente		sopporta troppo.
Troppo esigente		si fida troppo.
Troppo attivo		pretende troppo.
Troppo altruista	è chi	lavora troppo.
Troppo ottimista		si aspetta troppo dal futuro.
Troppo paziente		fa troppo per gli altri.
Troppo ingenuo		perdona troppo facilmente.

ESERCIZIO

Fate adesso delle frasi secondo il modello.

> Secondo me sei un attimino troppo esigente. Guarda, io penso che tu pretendi un pochino troppo.

È successo che mio figlio **ha trovato** una ragazza come lui.	(dato di fatto)
Combinazione ha voluto che mio figlio **abbia trovato** una ragazza come lui.	(considerazione personale)

11 **ESERCIZIO**

Trasformate le frasi secondo il modello.

> Il treno *è arrivato* in anticipo.
> → Combinazione ha voluto che il treno *sia arrivato* in anticipo.

a. Carlo ha perso il treno.
b. La macchina si è rotta.
c. Sono passati proprio mentre uscivo di casa.
d. Non sono riuscito a trovare le chiavi.
e. Sono stato presentato al direttore generale.
f. Sei arrivato troppo tardi.
g. Abbiamo trovato gli ultimi due biglietti.
h. Ci avete telefonato proprio mentre stavamo per uscire.
i. Tutti e due hanno lo stesso nome.

12 **DETTATO**

■ __________, io, onestamente, trovo che faccia bene lui. Cioè, __________ ____ lui ____ ______ ______ ____ ______ esperienze. Il fatto che si guadagni ___ ________ ________, io lo trovo __________ ____ positivo.

● Sì, ma stare ____ ________ __________ ____ ____ __________ al mare anziché venire _____ _____. Ma poi, _____ ____ ____, secondo me no, non gli fa bene.

■ Ma ________ ________? Cioè, ____ ________: lui ha desiderio di _______________ i propri ________, di farsi le proprie esperienze e ____ ________ forse anche di staccarsi da _____.
Io penso _____ _____, così, un desiderio legittimo.

● Sì, è un _____________ legittimo, solo che ____ ________ che lui lo faccia attraverso forme sbagliate, che lui scelga ______ _____________.

indicativo	→	congiuntivo		
			io	
			tu	
			lui	
io scelgo	→	che	lei	scelga
			Lei	
			loro	scelgano
noi scegliamo	→	che	noi	scegliamo
			voi	scegliate

sto → stia, do → dia, so → sappia, devo → debba

ESERCIZIO

Fate dei dialoghi secondo il modello.

> essere un desiderio legittimo
> lui farlo attraverso forme sbagliate
>
> □ Io penso che *sia un desiderio legittimo.*
> ○ Sì, *è un desiderio legittimo*, solo che io penso che *lui lo faccia attraverso forme sbagliate.*

a. per lui essere un'esperienza importante
lui essere ancora troppo giovane

b. i ragazzi avere ragione
neanche il preside avere torto

c. lavorare fargli bene
lui stancarsi troppo

d. il problema potersi risolvere
non risolversi tanto facilmente

e. un po' di sport fargli bene
lui esagerare

f. Luisa sapere badare a se stessa
essere troppo giovane per andare in vacanza da sola

14

ESERCIZIO

Cercate nel dialogo e nel dettato le seguenti espressioni.
Come direste nella vostra lingua?
Scrivetelo qui sotto.

- ○ onestamente ______________________
- ○ un attimino/un pochino ______________________
- ○ solo che ______________________
- ○ cioè ______________________
- ○ combinazione ha voluto che ______________________

15

ESERCIZIO

Inserite ora le espressioni nelle seguenti frasi.

a. Guarda, ______________________ mi sembra che tu non ti comporti troppo bene con tuo padre.

b. Certo, hai ragione, ______________________ dovresti cercare di essere più comprensivo.

c. Scusa se te lo dico, ma secondo me sei ______________________ troppo pignolo.

d. Stamattina sono uscito senza chiavi e ______________________

__________ mia moglie abbia perso le sue.

e. Riccardo non è più un bambino, ______________________ io penso che ormai abbia l'età per andare in vacanza da solo.

16

E ADESSO TOCCA A VOI!

A Lei è seccatissimo / -a. Ha appena litigato con il Suo capufficio. Le ha detto che ad agosto c'è bisogno di un'altra persona in ufficio e che quindi Lei dovrà per forza rimandare a settembre le Sue ferie. È l'ultima che Le fa. Il Suo capufficio oltre ad essere sempre di cattivo umore, La fa lavorare più degli altri, con la scusa che in fondo Lei è l'ultima persona assunta. Lei esce dalla stanza e incontra un / una collega per il / la quale ha molta simpatia e con cui molto spesso Lei si sfoga.

B In corridoio Lei incontra un / una collega da poco assunto / -a. È agitato / -a. Probabilmente ha avuto una discussione con il capufficio di cui si lamenta spesso con Lei. Lei invece sa che il capufficio stima quel / quella collega perché nel lavoro è molto preciso / -a ed efficiente. Oggi in ufficio comunque sono tutti nervosi. È chiaro: si discute della distribuzione delle ferie. La cosa non La riguarda. Lei se ne va sempre in vacanza a settembre e ha le Sue ragioni: il tempo è bello, ma non fa più così caldo, gli alberghi costano meno e le località non sono più così affollate.

(17) LETTURA

IN VACANZA? NO, VADO A LAVORARE!

Un po' di soldi per le vacanze. O per comprare il motorino che nessuno vuole regalargli. Proprio il giorno in cui tutti sono pronti per andare al mare, l'abituale pigrizia dei ragazzi scompare come la neve al sole. Inutile controbattere: vogliono trovarsi un lavoretto almeno per un mese. Che sia la sete di soldi o l'indipendenza non fa differenza, sono irremovibili. C'è chi è sicuro di trovare la felicità raccogliendo le mele in Trentino, chi vuole passare 30 giorni e 30 notti in un canile «a contatto con gli animali» e chi, nonostante tutto l'inverno passato a litigare con i fratelli minori, decide di spupazzarsi quelli degli altri ... a pagamento! Sarà la curiosità di conoscere un mondo nuovo, cercano di consolarsi le mamme. Sarà il desiderio di appartenere all'universo degli adulti, commentano i papà. Fatto sta che anche i meno intraprendenti si danno un gran da fare pur di riuscire a sudare le proverbiali sette camicie.

Secondo i ragazzi ...

• (...) «L'anno scorso sono partito da solo per l'Inghilterra», racconta Davide, 18 anni, studente in un istituto alberghiero. «Ho trovato lavoro come cameriere a Londra. Quando sono tornato non avevo una lira in tasca, ma con la lingua me la cavavo abbastanza bene. Certo ogni tanto mi sentivo solo. Le nuove conoscenze non ti danno il conforto dei vecchi amici o della famiglia. Ma ne è valsa comunque la pena». (...)

«Mio padre è un disastro», dice Annalisa, 19 anni, alle soglie dell'esame di maturità. «Non mi ha mai incoraggiata, anzi. Mi sarebbe piaciuto andare a fare l'animatrice in un villaggio turistico, avrei voluto fare anche l'aiuto bagnino, me l'avevano proposto perché so nuotare molto bene. Niente, mi tocca stare tutta l'estate sotto l'ombrellone con mia madre. In vacanza con gli amici? Guai a parlarne, in casa mia sono troppo all'antica».

Più fortunata Margherita, 17 anni: «Quest'estate non potremo andare in vacanza a luglio perché mia madre è impegnata. È stata proprio lei a suggerire di trovarmi qualcosa da fare. Conosco molto bene due ragazzi proprietari di un negozio di acquari, ci passo i pomeriggi a guardare le piante e i pesci, e gli ho proposto di assumermi. Mi andava bene anche gratis, ma loro insistono perché si faccia un cambio merce: io lavorerò e loro in settembre mi daranno quello che serve per rimettere in funzione il mio acquario che è un po' vecchiotto e sguarnito».

(da *Anna*, 16/6/93)

Chi di questi tre ragazzi …	Davide	Annalisa	Margherita
a. passerà le vacanze con la madre?	○	○	○
b. ha speso tutti i soldi che aveva guadagnato?	○	○	○
c. ha cercato un lavoro su consiglio della madre?	○	○	○
d. avrebbe lavorato senza farsi pagare?	○	○	○
e. ha sentito la mancanza degli amici?	○	○	○
f. non ha avuto il permesso di lavorare durante le vacanze?	○	○	○
g. ha migliorato le sue conoscenze linguistiche?	○	○	○
h. non potrà andare in vacanza con la famiglia?	○	○	○

18

ESERCIZIO

a. Cercate nella prima parte del testo le parole o le espressioni che corrispondono a …

prendersi cura e giocare
posto dove si tengono i cani
lavorare molto, faticare

b. Cosa dice Davide invece di «riuscivo a capire e a parlare la lingua»?
Cosa dice Annalisa invece di «devo stare»?
Cosa dice Margherita invece di «un po' vecchio»?

c. Completate le frasi con le parole usate da Margherita.

Non potremo andare in vacanza perché

mia madre ___________________ .

Loro insistono perché ___________________

un cambio merce.

Mi daranno quel che serve per

___________________ in funzione il mio

acquario.

d. Che differenza c'è fra i due «perché» nelle prime due frasi al punto **c.**?

ESERCIZIO

Combinate le domande con le risposte.

Come te la cavi …

a. con la matematica?	Mah, credo di parlarlo abbastanza bene.
b. con le faccende domestiche?	Male. Ero sempre l'ultimo della classe.
c. con l'inglese?	Mah, so usare un paio di programmi di scrittura.
d. con i bambini?	Male. Non ho proprio pazienza.
e. a cucire?	Malissimo. Non so neanche friggermi due uova.
f. a sciare?	Per carità! Pesto i piedi a tutti.
g. con il computer?	Le pulizie le so fare, però le camicie le porto a stirare.
h. a ballare?	So appena attaccare i bottoni.
i. a cucinare?	Benissimo. Ho anche vinto una gara di slalom.

20

E ADESSO TOCCA A VOI!

a. Leggete le frasi qui sotto. Fate una crocetta sul numero che più coincide con la vostra opinione. Prima di cominciare guardate la «legenda».

Legenda: 1 = Sì, assolutamente.
2 = Sì, forse.
3 = Dipende.
4 = Non del tutto.
5 = No, assolutamente.

	1	2	3	4	5
Finché sono minorenni, i figli devono obbedire ai loro genitori senza far storie.	○	○	○	○	○
È un vantaggio essere figlio unico.	○	○	○	○	○
Bambini e bambine dovrebbero essere educati allo stesso modo, senza ruoli prestabiliti.	○	○	○	○	○
La maggior parte degli uomini preferisce che il primo figlio sia maschio.	○	○	○	○	○
Non si dovrebbe mai picchiare un bambino.	○	○	○	○	○
Ogni figlio ha il dovere di prendersi cura dei genitori quando questi sono vecchi.	○	○	○	○	○
Il modo più efficace per punire un ragazzo è quello di non dargli la paga settimanale.	○	○	○	○	○
Avere figli oggi è diventato un lusso.	○	○	○	○	○
È sbagliato che tutti e due i genitori lavorino quando i figli sono ancora piccoli.	○	○	○	○	○
Sotto i 16 anni i ragazzi dovrebbero rientrare a casa entro le dieci di sera.	○	○	○	○	○
A 16 anni i ragazzi possono andare in vacanza da soli.	○	○	○	○	○
Oggigiorno non dovrebbe essere permesso a nessuna coppia di avere più di quattro figli.	○	○	○	○	○

b. Quando avete finito, confrontate le vostre risposte con un compagno di corso. Ricordate di argomentare le vostre opinioni ed anche di discutere, se non siete d'accordo.

21

TEST

I. Condizionale presente o passato?

a. Senti, io (bere) ______________ volentieri un caffè. Andiamo al bar?

b. (Volere) ______________ andare in vacanza da solo, ma i miei non me lo hanno permesso.

c. È già tardi per andare al cinema. Peccato! (Vedere) ______________ volentieri un film stasera.

d. Mi (piacere) ______________ partire ieri, ma c'era sciopero.

e. Io gli (regalare) ______________ un libro. Che ne pensi?

f. Stamattina Marina mi ha chiesto di te. Io al posto tuo adesso le (telefonare) ______________.

II. Indicativo o congiuntivo?

a. Mio figlio insiste perché io gli (comprare) ______________ il motorino.

b. Franco è arrabbiato perché gli (toccare) ______________ lavorare il prossimo fine-settimana.

c. Combinazione ha voluto che tu mi (telefonare) ______________ mentre stavo per uscire.

d. Secondo me tu (essere) ______________ troppo severo con i tuoi figli.

e. Mi sembra che tuo fratello (cavarsela) ______________ bene con l'inglese.

f. Trovo che i ragazzi oggi non (avere) ______________ spina dorsale.

g. Forse (avere) ______________ ragione tu, dovrei essere più comprensivo.

III. Completate le frasi con

in fondo		durante
	come	
cioè		anziché

a. Avrei preferito lavorare ______________ passare le vacanze con i miei genitori.

b. Ho conosciuto mia moglie ______________ un viaggio.

c. Ha trovato una ragazza che è proprio ______________ lui.

d. Io penso che abbia ragione lui, ______________, secondo me lui ha il diritto di comportarsi così.

e. Non credi che ______________ anche lui abbia il diritto di fare le sue esperienze?

Ma perché non prendi l'autobus?

1 **LETTURA**

«Se vinco cambio l'auto»

In un sondaggio i sogni di chi ha giocato

ROMA. Automobile e casa continuano ad essere in cima ai sogni, più o meno proibiti, degli italiani. Lo prova, indirettamente, una ricerca commissionata dal Tg2 a Datamedia e realizzata su un campione di 1224 persone sopra i 18 anni, attraverso il sistema delle interviste telefoniche.

Alla domanda: «Se lei fosse il vincitore della lotteria di Capodanno, che farebbe per prima cosa?», il 26,7 per cento degli intervistati ha risposto: «Comprerei l'auto dei miei sogni». Leggermente inferiore la percentuale di coloro che hanno, invece, risposto: «Comprerei una casa». Pensa a «un tetto» il 25 per cento degli interpellati.

A compensare in parte la scarsa originalità degli italiani, che non sembrano in questo modo diversi dai loro padri di trent'anni fa, c'è la significativa percentuale del 10,8 per cento di coloro che farebbero anche beneficenza con i soldi dispensati dalla lotteria.

Seguono quelli che, previdenti, penserebbero al futuro: il 7,2 per cento al proprio, il 6,6 a quello della famiglia, dei figli, degli amici. Soltanto il 4,3 per cento, inoltre, smetterebbe di lavorare dopo una vincita miliardaria.

Il fatalismo congenito degli italiani, tuttavia, li spinge comunque a non voler rinunciare ad alcunché pur di ottenere l'agognata vittoria: quasi il 70 per cento degli intervistati, infatti (69,8), dichiara di non essere assolutamente disposto a rinunciare a nulla per vincere, mentre il 12,5 rinuncerebbe a stare nel proprio Paese, il 9,1 a tutto e il 4,5 (appartenente alla schiera dei più cinici) alla moglie o ai parenti.

A proposito di beneficenza. Alla domanda specifica rivolta al campione di intervistati («Se lei fosse il vincitore della lotteria di Capodanno, che parte della sua vincita sarebbe disposto a distribuire in beneficenza?»), il 9,5 per cento ha risposto «tutto».

Impossibile, naturalmente, verificare la sincerità della risposta, ma c'è comunque una maggioranza relativa, il 33,6 che offrirebbe una percentuale compresa tra l'1 e il 15 per cento.

Il 19,7 darebbe dal 16 al 30 per cento e il 18,1 arriverebbe al 50 per cento.

Lo «zoccolo duro» di coloro che non mollerebbero mai l'osso è composto, invece, dal 7,8 per cento.

Per chi non vince in prima persona rimane la speranza che l'eventuale amico o parente miliardario rientri nel restante 92,2 per cento.

Completate adesso gli schemi.

Se lei fosse il vincitore della lotteria cosa farebbe per prima cosa?

	25,0
	26,7
FAREI IL GIRO DEL MONDO	**2,6**
	4,3
SCAPPEREI DA ...	**3,3**
FAREI BENEFICENZA	
INVESTIREI I SOLDI	**7,2**
PENSEREI AL FUTURO DI: FIGLI, FAMIGLIA, AMICI	
ALTRO	**4,5**
NON SO. NON RISPONDE	**9,0**

A cosa rinuncerebbe pur di essere il vincitore della lotteria di Capodanno?

	4,5
A VIVERE NEL PROPRIO PAESE	
	69,8
A TUTTO	
ALTRO	**0,9**
NON SO. NON RISPONDE	**3,2**

Se lei fosse il vincitore quanto sarebbe disposto a dare in beneficenza?

NIENTE	
DA 1% A 15%	
	19,7
DA 31% A 50%	
DA 51% A 75%	**5,7**
	9,5
NON SO. NON RISPONDE	**5,6**

(da *La Stampa*, 7/1/1995)

Inferiore è la percentuale di	**coloro che** **quelli che**	comprerebbero una casa.
	chi	comprerebbe una casa.

2

ESERCIZIO

Cercate nel testo altre frasi con i pronomi evidenziati qui sopra.
Sostituite poi *coloro che* e *quelli che* con *chi* e viceversa.

3

E ADESSO TOCCA A VOI!

Ponetevi l'un l'altro le domande del sondaggio. Alla fine raccogliete le risposte di tutti gli studenti e verificate se e quanto somigliate agli italiani.

28

4

QUESTIONARIO

Anche stamattina Stefano arriva in ufficio in ritardo e Gabriella scherzosamente glielo fa notare.

a. Come ha lasciato la macchina Stefano?

In seconda fila. ❑
Sul marciapiede. ❑
In divieto di sosta. ❑
Davanti a un passo carrabile. ❑

b. Quanti autobus dovrebbe prendere Stefano per andare in ufficio?

___

c. A che ora si alza Stefano e a che ora comincia a lavorare?

___

d. Secondo Stefano cosa dovrebbe fare il comune?

Permettere l'ingresso in centro soltanto a chi ci abita e a chi ci lavora. ❑
Costruire dei parcheggi sotterranei. ❑
Organizzare un efficiente servizio pubblico. ❑
Essere più tollerante con chi parcheggia irregolarmente. ❑

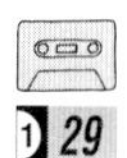
29

DIALOGO

■ Ma perché non prendi l'autobus?
● Eh poverina! E tu certo parli bene perché tu abiti a un autobus di distanza da qui. Vieni a casa mia! Ci vogliono tre autobus che spesso non arrivano in orario. Poi, quando anche arrivano, sono pieni, affollati.
■ Sì, su questo hai ragione, non ne dubito. Però se ti alzassi un pochino prima, non sarebbe una soluzione?
● No, ancora prima?!
■ E be', ma saresti più sereno sai?
● No, macché sarei più sereno!
■ A che ti serve dormire mezz'ora in più se dopo arrivi avvelenato?

Se ti alzassi un pochino prima, **Se prendessi** l'autobus, **Se venissi** con i mezzi pubblici,	non **sarebbe** una soluzione?

ESERCIZIO

Fate il dialogo secondo il modello.

> alzarsi un pochino prima / essere più sereno
>
> □ Se ti *alzassi un pochino prima*, non sarebbe una soluzione?
> ○ No, ancora *prima*?!
> □ E be', ma *saresti più sereno* sai?
> ○ Macché *sarei più sereno*!

a. svegliarsi un pochino più presto / non arrivare sempre in ritardo
b. lavorare un pochino di più / guadagnare di più
c. mangiare un pochino di meno / non avere problemi di peso
d. andare a letto un pochino più presto / essere più riposato
e. prendere le vacanze un pochino più tardi / non litigare con gli altri colleghi
f. fumare un pochino di meno / non avere sempre la tosse
g. partire un pochino prima / non fare sempre il viaggio in piedi

7 E ADESSO TOCCA A VOI!

Chiedete a un compagno che cosa farebbe …

a. se fosse il sindaco del suo comune.
b. se a una lotteria vincesse un cavallo.
c. se a una cena piuttosto formale gli offrissero qualcosa che non gli piace.
d. se a una festa qualcuno indossasse un abito identico al suo.
e. se avesse un miliardo a disposizione.
f. se un amico gli telefonasse alle tre di notte per raccontargli i suoi problemi.
g. se gli offrissero di partecipare ad una missione spaziale su Marte.
h. se trovasse per strada un portafogli con molto denaro e senza alcuna informazione sul proprietario.
i. se, al momento di pagare il conto al ristorante, si accorgesse di aver dimenticato i soldi a casa.

8 DETTATO

30

● Se l'amministrazione comunale rendesse efficiente il servizio pubblico, ________ ____ ________ ________ demagogia, i cittadini ________ ____ ____________________ ______________ anziché ____ ______________.

■ E ________ ________ tanto, ma io sono dell'idea che il comune ________ ________ _____ e se noi ________ ci impegnassimo…

● No, ____ __________ ________ poveri cittadini che eleggiamo il comune. Eleggiamo ___ _______________ .

■ Sì, ma se ________ poveri cittadini decidessero ____ __________ ____ ____________ _______________ …

● Sì, poveretti, starebbero aggrappati ________ ______________.

■ No, no. ____ _____________ si impegnerebbe ________ a migliorare il servizio.

● __________ si impegnerebbe! Quanto sei ingenua!

9

ESERCIZIO

Completate i dialoghi con i verbi al tempo e al modo opportuno.

a. □ Se ti (lasciare) ______________ crescere i baffi ...
○ (Somigliare) ______________ a una foca.
□ No, (essere) __________ più sexy.

b. □ Se ti (vestire) ______________ come tua figlia ...
○ (Fare) __________ ridere i polli.
□ No, (sembrare)______________ più giovane.

c. □ Se ti (mettere) ______________ un cappello ...
○ (Sembrare) ______________ un gangster.
□ No, (avere) ____________ un aspetto più distinto.

d. □ Se ti (lasciare) ______________ crescere la barba ...
○ (Sembrare) ______________ un vagabondo.
□ No, (avere) ____________ un aspetto più intellettuale.

e. □ Se ti (mettere) ______________ un paio di scarpe con i tacchi alti ...
○ (Camminare) ______________ come una gru.
□ No, (sembrare) ______________ più alta.

10 ESERCIZIO

Gabriella dice: «Se tutti prendessero l'autobus, il comune si impegnerebbe a migliorare il servizio.»
Stefano le risponde: «Quanto sei ingenua!»

Completate i dialoghi sottostanti con i seguenti aggettivi.

avaro	pauroso	testardo
goloso	pignolo	vanitoso

a. □ Vorrei un gelato con crema cioccolato zabaione e molta molta panna.

○ Quanto sei ____________ !

b. □ Mangiamo a casa dai! I ristoranti sono diventati così cari.

○ Quanto sei ____________ !

c. □ Io non riesco a dormire se le scarpe non sono una accanto all'altra.

○ Quanto sei ____________ !

d. □ Forse avrà ragione lui, ma io resto della mia opinione.

○ Quanto sei ____________ !

e. □ Io ho solo vestiti su misura. Sono su misura anche le mie camicie e le mie cravatte.

○ Quanto sei ____________ !

f. □ Oh Dio! Domani devo prendere l'aereo. Non dormirò tutta la notte.

○ Quanto sei ____________ !

11 ESERCIZIO

Cercate nel dialogo e nel dettato le seguenti espressioni.
Come direste nella vostra lingua?
Scrivetelo qui sotto.

- ○ scusa tanto, ma ... ____________________
- ○ quanto sei ... ____________________
- ○ tu certo parli bene ... ____________________
- ○ macché ... ____________________

12 ESERCIZIO

Inserite le espressioni nelle seguenti frasi.

a. □ Quest'anno non posso assolutamente andare in vacanza. Non ho tempo.

○ E invece, ____________________ io credo che una vacanza è proprio quello di cui avresti bisogno.

b. □ Se parlassi con tuo figlio, certamente a casa ti darebbe una mano.

○ ____________________ mi darebbe una mano! Quello non ha voglia di far niente.

c. □ Dai, trovare lavoro non è cosi difficile!

○ Eh, ____________________, con tutte le persone che conosci!

d. □ Quante volte te lo devo dire che, quando si apparecchia, il coltello va a destra e la forchetta a sinistra?!

○ Eh, mamma mia, ____________________ pignolo!

13 E ADESSO TOCCA A VOI!

A Lei arriva in ufficio di pessimo umore. Anche stanotte con il rumore che c'è stato ha dormito malissimo. E c'è chi dice che è fortunato/-a perché abita in centro e può andare al lavoro a piedi. Ogni volta che le serve la macchina però, quando torna a casa non trova mai un parcheggio. È vero che potrebbe andare ad abitare con i suoceri al primo piano della loro villetta a 20 chilometri dalla città. Però a quel punto dovrebbe alzarsi alle sei, prendere la macchina o, ancora peggio, il treno e un autobus; ma questo sarebbe il meno, quello che più La spaventa è vivere con i genitori di Sua moglie/Suo marito.

B Lei si accorge che il Suo/la Sua collega anche stamattina è di pessimo umore. Cosa avrà da lamentarsi visto che abita in centro e che viene al lavoro a piedi? Il Suo/la Sua collega dice sempre che la notte c'è rumore, ma Lei sa che lui/lei potrebbe andare ad abitare fuori città presso i suoceri. Perché si lamenta tanto allora? Secondo Lei in fondo gli/le piace alzarsi tardi e prendersela comoda.

LETTURA

Stop al traffico nei tre mesi invernali più a rischio: lo ha deciso la giunta. Anche diossina nell'aria della città.

Firenze, auto 'razionate'

Troppo smog: a piedi per due giorni la settimana

FIRENZE - Per due giorni alla settimana tutti a piedi. Auto chiuse in garage, biciclette rispolverate dalle cantine. È la misura più severa, e probabilmente anche la più efficace, che la giunta comunale abbia mai preso. Ma è stata costretta a farlo dopo essersi ritrovata con le spalle al muro per colpa dei ripetuti allarmi inquinamento e degli assalti da più fronti di veleni: lo smog d'inverno, l'ozono d'estate, il benzene e, ultima in ordine di tempo, la diossina. Così la città ha dovuto correre ai ripari più estremi. Il doppio blocco settimanale delle auto private entrerà in vigore nei tre mesi più fragili sotto il profilo della qualità dell'aria: cioè dicembre, gennaio e febbraio. Il blocco non è un provvedimento popolare. Anzi. Ma la giunta di Palazzo Vecchio ha deciso di correre il rischio delle proteste pur di evitare il tracollo ambientale. C'è voluto del coraggio, visto che lo scorso inverno il sistema dei doppi blocchi settimanali era stato introdotto in via sperimentale per solo un mese e mezzo, tra i litigi dei cittadini appiedati e le polemiche dei commercianti infuriati. Quest'anno invece si fa sul serio, e per un periodo più lungo.

(da *la Repubblica*, 26/10/94, ridotto)

15 ESERCIZIO

a. Unite le espressioni del testo ai loro significati.

a. ritrovarsi con le spalle al muro (r. 9)
b. correre ai ripari (r. 16)
c. entrare in vigore (r. 18)
d. correre il rischio (r. 25)
e. fare sul serio (r. 35)

1. accettare la possibilità di un pericolo
2. diventare legge
3. essere in una situazione senza via d'uscita
4. non scherzare
5. trovare al più presto una soluzione

b. Unite gli aggettivi ai loro significati.

a. severo (r. 5)
b. efficace (r. 6)
c. fragile (r. 20)
d. popolare (r. 23)

1. debole
2. che piace a molti
3. duro
4. che funziona

c. Unite i sostantivi ai loro significati.

a. { misura (r. 4)
   provvedimento (r. 23)
b. giunta comunale (r. 6)
c. inquinamento (r. 11)
d. tracollo (r. 27)

1. governo di una città
2. contaminazione della natura
3. disastro
4. decisione presa da un governo

ESERCIZIO

Rispondete alle domande.

a. Che cosa ha deciso la giunta comunale di Firenze?
b. Perché è stata costretta a prendere questa decisione?
c. Per quale periodo è previsto il blocco settimanale?

È la misura **più** severa **che** la giunta comunale **abbia mai preso**.

ESERCIZIO

Completate le frasi usando i seguenti verbi.

andare – lavorare – leggere – litigare rivolgersi – trovarsi – vedere – viaggiare

a. È il libro più avvincente che abbia mai letto.
b. È il film più noioso che ______________________
c. È il treno più comodo con cui ______________________
d. È il dentista più bravo da cui ______________________
e. È la cosa più stupida per cui ______________________
f. È la situazione più difficile in cui ______________________
g. È la persona più arrogante a cui ______________________
h. È l'azienda più caotica per cui ______________________

La giunta è stata costretta a chiudere il centro al traffico

dopo | **essersi ritrovata** con le spalle al muro.
aver riscontrato nell'aria la presenza di diossina.

(18)

ESERCIZIO

Completate le frasi con l'infinito passato dei seguenti verbi.

a. Dopo ________ ____________ con mio figlio, ho deciso di mandarlo in vacanza da solo.

b. Dopo ________ ____________ la dieta, Mario non ha più bevuto un bicchiere di vino.

c. Dopo ________ ____________ la macchina dal meccanico, siamo andati in ufficio con il tram.

d. Dopo ________ ____________ a un avvocato, Lucia ha deciso di chiedere il divorzio.

e. Dopo ________ ____________ una grappa, mi sono sentito meglio.

f. Dopo ________ ____________ tutto il giorno davanti al computer, ho sentito il bisogno di fare una passeggiata.

parlare
bere
cominciare
rimanere
portare
rivolgersi

(19)

E ADESSO TOCCA A VOI!

A. Indicate cosa fareste per spingere la gente a non usare la macchina. Confrontate poi i risultati con un compagno e discutetene.

a. Far pagare una tariffa a chi entra con la macchina in centro. ( )
b. Dare delle multe più salate a chi lascia la macchina in divieto di sosta. ( )
c. Raddoppiare il prezzo della benzina per uso privato. ( )
d. Rendere gratuiti i trasporti pubblici. ( )
e. Diminuire il numero dei parcheggi in centro. ( )
f. Limitare in centro la circolazione dei veicoli privati a poche ore al giorno. ( )
g. Munire tutti i parcheggi di parchimetri. ( )
h. Trasformare tutto il centro in zona pedonale. ( )

B. Come giudicate la situazione del traffico nella vostra città? Vi sembra che il comune faccia abbastanza per risolvere il problema del traffico?

20

TEST

I. Inserite e coniugate i verbi ai tempi e ai modi necessari.

abitare - alzarsi - comprare - esserci - trovare - usare

a. Se ____________ prima, non arriveresti sempre in ritardo.

b. Se io vincessi alla lotteria, ____________ una casa.

c. Se ____________ più parcheggi, ci sarebbe anche più traffico.

d. Se i mezzi pubblici funzionassero meglio, la gente li ____________.

e. Se ____________ in città, non avremmo bisogno della macchina.

f. Se sapeste usare il computer, ____________ senz'altro un lavoro migliore.

II. Trasformate le frasi secondo l'esempio.

Ho letto un libro interessantissimo. → È il libro più interessante che abbia mai letto.

a. Ho bevuto un vino buonissimo.
b. Siamo stati in una città bellissima.
c. Ho conosciuto una ragazza simpaticissima.
d. Abbiamo mangiato in un ristorante elegantissimo.
e. Ho lavorato con una persona disordinatissima.

III. Trasformate le frasi secondo il modello.

Prima di andare al cinema ho cenato. → Dopo aver cenato sono andato al cinema.

a. Prima di iscrivermi all'università ho lavorato un anno in un ufficio.
b. Prima di sposarci abbiamo comprato un appartamento.
c. Prima di andare a letto ho guardato un film alla TV.
d. Prima di parlare con te ho parlato con Giulio.
e. Prima di uscire ho telefonato a Carlo.
f. Prima di partire sono passato in banca.

Ancora segui le diete?

1

LETTURA

a. Leggete il vostro segno zodiacale. Vi riconoscete nella descrizione data dal testo? O non siete d'accordo? Parlatene con un compagno.

LA CUCINA DELLE STELLE

Il Toro è un gourmet, i Gemelli un disastro. Il Leone esagera, il Sagittario inventa. Segno per segno ecco l'influsso dei pianeti.

ARIETE

(21 marzo – 20 aprile)
I nati sotto questo segno hanno una personalità dominatrice e hanno bisogno di quei cibi sostanziosi che gli permettono di sostenere ritmi incalzanti. Per questo hanno poco tempo per cucinare, fanno pasti veloci e a volte disordinati.

TORO

(21 aprile – 20 maggio)
È il vero gourmet dello Zodiaco e ai fornelli pretende il meglio da sé e dagli altri. Di solito è un cuoco provetto che anche da solo si tratta da re.

GEMELLI

(21 maggio – 21 giugno)
Curioso di tutto, meno che della tavola, il Gemelli entra in cucina solo per fare il caffè, al massimo due uova al tegamino che rischia di bruciare mentre legge il giornale. È sempre disponibile a improvvisare i classici «due spaghetti» con gli amici.

CANCRO

(22 giugno – 22 luglio)
Romantici e affettuosi, i cancerini dedicano a tutti la loro disponibilità, anche a tavola. Se sono costretti a mettersi a dieta, difficilmente riescono a portarla a termine e si faranno sorprendere spesso davanti al frigorifero aperto.

LEONE

(23 luglio – 23 agosto)
Se cucina un Leone, vuol dire che al mercato avrà scelto solo prodotti di grande qualità. Non bada a spese perché, anche se non si serve di grosse porzioni, vuole vedere l'abbondanza in tavola.

VERGINE
(24 agosto – 23 settembre)
Parsimoniosi come formichine, non sopportano gli sprechi. Mangiano poco, ma non lo fanno per la linea, ma perché nel cibo vedono solo l'aspetto più pratico, quello di nutrirsi.

BILANCIA
(24 settembre – 23 ottobre)
Quando sminuzza non fa briciole, se impasta non lascia tracce di farina. I nati sotto questo segno tendono alla razionalità e alla precisione anche in cucina. Preferiscono cenare a casa piuttosto che andare al ristorante.

SCORPIONE
(24 ottobre – 22 novembre)
Sono spesso cuochi maldestri, eccessivi, ma sono talmente attraenti e simpatici che ci passate sopra. Un' insalata li lascia indifferenti, tuttavia a dolci e a gelati non sanno resistere.

SAGITTARIO
(23 novembre – 21 dicembre)
Dinamico e sempre in viaggio, si considera un pioniere anche in cucina. Di ritorno da un paese straniero, si diverte a provare le nuove scoperte gastronomiche.

CAPRICORNO
(22 dicembre – 20 gennaio)
Il Capricorno è un programmatore nato, cucina solo quando ha tutto il tempo necessario. Gli occorrono sempre il ricettario, la bilancia, gli ingredienti freschi e di qualità. Ha uno stomaco di ferro. E piuttosto che accontentarsi di quel che passa il frigorifero, preferisce andare al ristorante.

ACQUARIO
(21 gennaio – 19 febbraio)
Con gli Acquari si va da un estremo all'altro. Possono andare avanti giorni a mangiare lo stesso cibo o si dimenticano addirittura di pranzare se sono assorbiti da un'attività che li coinvolge. Come gli artisti attendono l'ispirazione del momento. Solo allora cucinano piatti fantasiosi che esprimono la loro creatività.

PESCI
(20 febbraio – 20 marzo)
Sono cuochi sopraffini e anche buongustai. Messi ai fornelli i Pesci rivelano molto senso pratico. Riescono a ricavare menù di tutto rispetto con pochi ingredienti a disposizione.

(da *Sale e pepe*, gennaio 1994, ridotto)

b. Secondo il testo, quali di queste coppie potrebbero andare d'accordo in cucina e quali no? Perché?

Ariete e Capricorno	Gemelli e Scorpione
Leone e Bilancia	Cancro e Vergine
Toro e Acquario	Sagittario e Pesci

c. Rileggete l'oroscopo e decidete, secondo le caratteristiche zodiacali, chi preferireste avere come ospite e da chi vorreste essere invitati a cena.

Gli Arieti **hanno bisogno** di cibi sostanziosi.
Al Capricorno **occorrono** sempre il ricettario e la bilancia.

② ESERCIZIO

Trasformate le frasi. Usate *avere bisogno di* al posto di *occorrere* e viceversa.

a. L'Ariete ha bisogno di cibi sostanziosi.
b. Ai Gemelli non occorre molto per essere contenti a tavola.
c. Il Leone ha sempre bisogno di prodotti di prima qualità.
d. Al Capricorno occorre sempre il ricettario.
e. L'Acquario per cucinare ha bisogno dell'ispirazione del momento.
f. Ai Pesci occorrono pochi ingredienti per cucinare menù eccezionali.

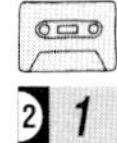

QUESTIONARIO

Caterina propone a Marcello di andare insieme a cena.

a. Il ristorante è
- vicino all'ufficio. ❑
- lontano dall'ufficio. ❑

b. Caterina
- sa dove si trova il ristorante. ❑
- non sa di preciso dove sia. ❑

c. Marcello sta facendo una dieta
- perché tutti i colleghi la fanno. ❑
- per motivi di salute. ❑
- per motivi estetici. ❑

d. Che cosa prevede la dieta di Marcello per questa sera?

____

e. Qual è la specialità del ristorante «Da Gustavo»?

____

DIALOGO

- ■ Che problemi hai, scusa?
- ● Eh, guarda qui che bella pancetta che ho. Sembro un prete di campagna.
- ■ Eh, dai, non esagerare!
- ● Eh, no no, guarda, io ti ringrazio, ma al ristorante ci andremo un'altra volta, quando …
- ■ Ma quando?
- ● Eh, quando l'estate sarà finita.

Al ristorante ci andremo	quando l'estate **sarà finita**.
	dopo che **avrò perso** qualche chilo.

ESERCIZIO

Fate dei dialoghi secondo il modello.

> Al ristorante (noi-andarci) / l'estate (finire)
>
> ○ Al ristorante ci andremo un'altra volta.
> □ Ma quando?
> ○ Quando l'estate sarà finita.

a. In vacanza da solo (tu-andarci) / (tu-compiere) 18 anni
b. La festa (noi-farla) / (noi-rinnovare) la casa
c. Al mare (noi-andarci) / la maggior parte della gente (andarsene)
d. Al cinema (noi-andarci) / (io-dare) l'esame di storia
e. Gli amici (tu-potere) invitarli / (noi-sistemare) la camera degli ospiti
f. La macchina (noi-comprarla) / (noi-mettere) da parte un po' di soldi

DIALOGO

- ● Adesso ho deciso di osservare una dieta rigorosa.
- ■ Fai una dieta?
- ● Sì, perché ho visto qui in ufficio tutti belli, tutti sani, tutti in forma, chi fa ginnastica, chi fa yoga, e io sono l'unico qui che, insomma, a 40 anni si ritrova con questo po' po' di circonferenza.
- ■ Eh, be', va be', solo per questo! Dai, Marcello! A 40 anni, ancora segui le diete. Ma mica sei un ragazzino!

Mica sei un ragazzino!

7

ESERCIZIO

Completate le frasi secondo il modello usando i seguenti aggettivi e facendoli concordare, là dove è necessario, in genere e numero.

Ma perché vuoi fare una dieta, Marcello, mica sei grasso!

a. L'ho visto, certo che l'ho visto, ____________________ !

b. Marcello quando fa una dieta la segue fino in fondo.

____________________ come me!

c. Non alzare la voce, abbiamo sentito benissimo,

____________________ !

d. Non preoccuparti, io non mi offendo quando scherzi,

____________________ !

e. Guarda che puoi andare in vacanza con chi vuoi,

____________________ io!

cieco
geloso
incostante
permaloso
sordo

E ADESSO TOCCA A VOI!

Che cosa pensate delle diete? Avete mai provato a farne una? Sareste disposti a farne una per essere più belli o soprattutto per sentirvi meglio?

9 LETTURA

PICCOLO GALATEO DELLA SALUTE

Qualunque sia il vostro stile alimentare, è opportuno seguire alcune regole. Eccole.

- Al momento del pasto, colazione e spuntini compresi, sedetevi comodamente a una tavola ben apparecchiata.
- Concentratevi su quello che scegliete di mangiare e se siete in compagnia, evitate ogni tipo di discussione.
- Non abbondate nelle porzioni che vi servite. Nello stesso tempo preparatevi un piatto esteticamente piacevole.
- Masticate a lungo e assaporate il cibo.
- Le trasgressioni non sono l'ideale, ma viverle con sensi di colpa non serve, quindi godetevele.
- Se avete un cattivo rapporto con il cibo, se siete stanchi e nervosi, mangiate solo quando lo desiderate, anche se l'orario non coincide con quello degli altri.
- Se a mezzogiorno avete mangiato troppo, abbiate cura di bere acqua nel pomeriggio e di prepararvi una cena composta di sole verdure e frutta.
- A una cena sostanziosa deve seguire una prima colazione a base di frutta. Anche i pasti successivi sono leggeri.
- Se avete mangiato male o in eccesso per tutta la settimana, mettete in programma un paio di giorni salutisti.

(da *Starbene*, settembre 1991)

Indicate con una croce gli errori che il testo dice di evitare.

- ○ mangiare in piedi ❑
- ○ mangiare troppo spesso fuori casa ❑
- ○ abbondare nelle porzioni ❑
- ○ masticare poco ❑
- ○ avere sensi di colpa quando si mangia troppo ❑
- ○ mangiare troppi grassi ❑
- ○ bere poca acqua durante i pasti ❑
- ○ discutere mentre si mangia ❑

10 E ADESSO TOCCA A VOI!

E voi quali delle regole sopraindicate rispettate? Quali sono gli errori che invece commettete più frequentemente? Parlatene con un compagno.

2 4

DETTATO

● Il ______ ______ ______: quando io sto lì non ______ ______ fermare. Davanti al cibo ______ ______ ______ resistere.

■ ______ io!

● Cioè, ______ ______ carabinieri ______ fermarmi. Poi c'è ______ , il tiramisù, eccetera, eccetera.

■ ______ Marcello, ma avevi promesso tu che saremmo usciti. ______ ti faccio io la proposta. ______ ______ ______ ______ ______ ______ più, eh?

● Guarda, uccidimi, ______ ______ ______.

■ Sei un ______ . Eh, scusa!

● ______ quello che vuoi, ______ ______ .

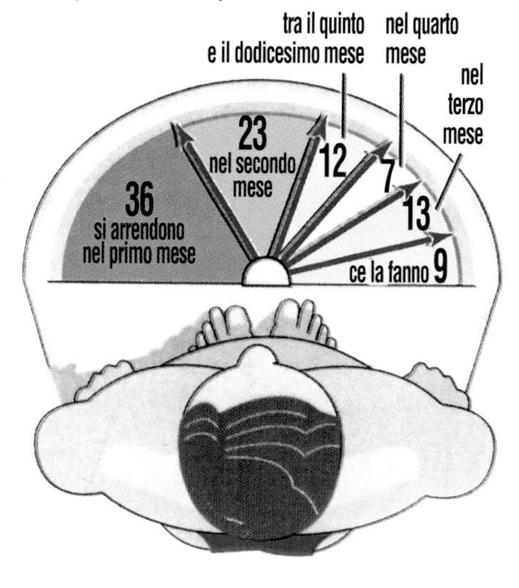

Avevi promesso tu che **saremmo usciti**.
Avevi promesso che **avremmo mangiato** insieme.

12 ESERCIZIO

Trasformate secondo il modello.

> *Ti prometto* che una di queste sere *usciamo / usciremo*.
> → *Avevi promesso* che una di queste sere *saremmo usciti*.

Ti prometto che ...

a. a Capodanno facciamo una bella festa.
b. da settembre smetterò di fumare.
c. il nostro anniversario lo passeremo a Venezia.
d. domenica porto i bambini allo zoo.
e. dopo il concerto torniamo subito a casa.
f. in settembre cambiamo i mobili del soggiorno.
g. da gennaio studierò di più.
h. sabato vengo a trovarti.
i. arriverò puntuale all'appuntamento.
j. durante le vacanze ti terrò io il gatto.

13 E ADESSO TOCCA A VOI!

A Lei è Franco / Franca. Due settimane fa Lei ha invitato il Suo amico Mario / la Sua amica Maria, che è single, a cena a casa Sua. Lei ha pensato di invitare anche altre persone, tra cui un Suo cugino / una Sua cugina, anche lui / lei single, che vorrebbe far conoscere a Mario / Maria. La cena è dopodomani. Lei sta per andare a fare le ultime spese, quando suona il telefono.

B Lei è Mario / Maria. Due settimane fa, per evitare lunghe discussioni, ha accettato un invito a cena che Le è stato fatto dal Suo amico Franco / dalla Sua amica Franca. Purtroppo Franco/Franca ha la pretesa di cucinare benissimo e invece non è in grado neanche di preparare due uova al tegamino. Inoltre adesso Lei ha saputo che fra gli altri ospiti ci sono delle persone che Le stanno proprio antipatiche. La cena è dopodomani. Adesso non Le resta che inventarsi una scusa per non andarci: il medico Le ha prescritto una dieta rigorosa. Telefona a Franco/Franca per scusarsi di non poter accettare l'invito.

(14) LETTURA

La colazione del manager

Giorgio è il direttore vendite di un'industria di elettrodomestici. Quarantenne ex magro, da un paio di anni ha la pancia pronunciata. Non c'è da meravigliarsi che Giorgio stia ingrassando. In effetti è un incallito sedentario, ma i chili in più non lo preoccupano tanto quanto il forte calo di tono che sta vivendo da qualche tempo. Un giorno ha avuto il coraggio di riflettere e ha dovuto ammettere che negli ultimi mesi le cose non gli vanno troppo bene sul piano personale. Dopo il lavoro, sempre più spesso evita gli amici, rinuncia ai fine settimana e limita l'uso del telefono per il timore che lo invitino a cena o al cinema. Questa svolta negativa nella sua vita l'ha molto preoccupato. Per qualche giorno è stato colto da una profonda crisi depressiva. Poi però ha deciso di rivolgersi a un dietologo e con il suo aiuto è riuscito a ritrovare forma and energia.
Ma quali sono stati gli errori più clamorosi di Giorgio? «Il principale era quello di saltare la prima colazione.» Spiega il dietologo. «Con un pasto di mezzogiorno di solito piuttosto frugale, saltuariamente alternato a impegnativi pranzi di lavoro, Giorgio arrivava a sera senza forze e di pessimo umore. La cena naturalmente era abbondante, ma il riposo notturno non gli dava la possibilità di digerire bene.» Conclusione: la mancata colazione del mattino ha condizionato in negativo l'intera giornata. «Chi si giustifica dicendo che al mattino non ha fame» continua il dietologo «non deve far altro che alzarsi prima e andare a camminare in un parco. Dopo 25-40 minuti avrà un grande desiderio di tornare a casa, fare la doccia e sedersi a tavola.»
Con una prima colazione sostanziosa il professionista invece sarà pronto ad affrontare meglio anche la giornata più faticosa. A pranzo non consumerà il solito panino frettoloso, ma farà un vero pasto con una moderata porzione di primo o una piccola di secondo, insieme a un'abbondante porzione di verdura cotta o cruda.
Ma il vero rischio professionale del manager è il pranzo d'affari.
Capita infatti che la presenza di un ospite deciso a mangiar bene distolga da ogni proposito. Come sfuggire a questi tranelli? «Bisogna cercare di impostare il pranzo su creme o passati di verdure, ortaggi crudi o cotti e masticare a lungo», suggerisce il dietologo. «Inoltre, bisogna ricordare che, quantità a parte, sono i grassi a tenere più occupato l'apparato digerente.»

(da *Starbene*, settembre 1991, adattato)

a. Che problemi aveva Giorgio?
b. Per quale motivo limitava l'uso del telefono?
c. Cosa bisognerebbe fare quando non si ha appetito la mattina?
d. Che cosa si dovrebbe mangiare quando non si può sfuggire a un pranzo di affari?

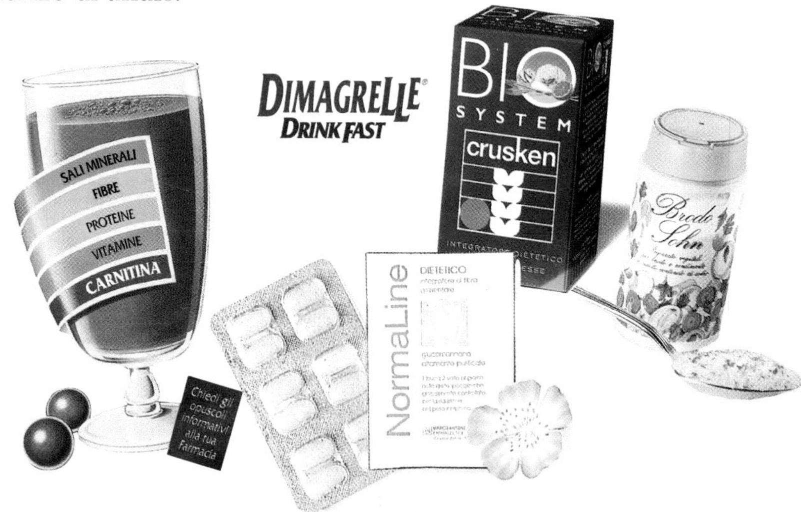

I chili in più non lo preoccupano **tanto quanto** il forte calo di tono.

15

ESERCIZIO

Fate delle frasi secondo il modello.

> i chili in più – preoccuparlo – il forte calo di tono
>
> → I chili in più non lo preoccupano tanto quanto il forte calo di tono.

a. la musica sinfonica – entusiasmarmi – la lirica
b. il guadagno – interessargli – le possibilità di carriera
c. il cinema – piacerle – il teatro
d. il fumo della pipa – disturbarlo – quello della sigaretta
e. la macchina in città – mancarmi – la vespa
f. il caffè – mancarmi – un bicchiere di vino

Il professionista non **consumerà** un panino frettoloso, ma **farà** un vero pasto.

16

ESERCIZIO

Ecco alcuni consigli per chi vuole perdere qualche chilo.
Completate il testo con i verbi al futuro.

Chi ha intenzione di dimagrire la mattina non (saltare) ________ la colazione, ma la (fare) ________ invece sostanziosa, magari dopo una passeggiata di 20 minuti in un parco. A pranzo non (limitarsi) ________________ a mangiare un panino, ma (fare) ________ un pasto completo composto da una moderata porzione di primo o da una piccola di secondo insieme ad una abbondante porzione di verdure crude o cotte. La sera poi (accontentarsi) ______________________ di una cena frugale a base di verdura o frutta.

17 **E ADESSO TOCCA A VOI!**

Quali sono le vostre abitudini alimentari? Le ritenete giuste? Potreste migliorarle? C'è qualche cibo a cui non sapreste rinunciare? Parlatene con un vostro compagno di corso.

18 **TEST**

I. Futuro anteriore o condizionale passato?

a. Mi ha assicurato che (smettere) ______________ di fumare, ma non ha mantenuto la promessa.

b. Quando (finire) ______________ di studiare, potrai uscire con i tuoi amici.

c. Non mi hanno comunicato quando (arrivare) ______________ e così non li ho aspettati.

d. Le lasagne le mangerò di nuovo dopo che mi (andare) ______________ via questa pancetta.

e. Quando (superare) ______________ gli esami, potremo iscriverci al corso superiore.

f. Mi avevate promesso che (studiare) ______________ di più.

II. Completate con le preposizioni.

a. Vado al supermercato. Hai bisogno ____ qualcosa?

b. Ho deciso ____ osservare una dieta rigorosa.

c. Davanti ____ dolci io non posso resistere.

d. ____ dimagrire ho rinunciato anche ____ pasta.

e. Non riesco ____ seguire una dieta per più di due giorni.

f. Franco ha deciso ____ rivolgersi ____ un dietologo.

g. Quando non si può sfuggire ____ un pranzo ____ affari bisogna orientarsi ____ cibi leggeri.

LEZIONE 10

L'importante è che si sposi!

1 LETTURA

Quanto costa sposarsi

Partecipazioni, bomboniere, auto a noleggio. E poi il vestito, la musica, il ricevimento ... In questa guida tutti i prezzi, i consigli e gli indirizzi utili

È sicuro. Siete decisi, decisissimi. A fine giugno vi sposate. Emozionati, lo annunciate a genitori e amici. Avete già scelto i testimoni, il luogo della cerimonia, la mèta del viaggio di nozze ... Ma è solo l'inizio. Ci sono i certificati da richiedere, la lista degli invitati a cui spedire le partecipazioni, i ristoranti da visitare e gli abiti da scegliere. E, soprattutto, molte spese da sostenere.

Qualcuno storce il naso, ma la maggior parte dei promessi sposi è d'accordo: il matrimonio va festeggiato alla grande. Secondo i dati Istat, nel '92 sono state celebrate più di 280 mila cerimonie (47 mila riti civili). In media, su 300 mila coppie che si sposano ogni anno, oltre 250 mila scelgono di scambiarsi le fedi in una cornice tradizionale: la chiesa piena di fiori, molti invitati ... e un banchetto indimenticabile. Tanto che il giro d'affari intorno agli sposi supera gli 8 mila miliardi.

Ma quanto costa dire sì? Molto, non c'è dubbio. Abbiamo fatto un po' di conti: per un matrimonio con 100 invitati si possono spendere dai 10 ai 60 milioni. Ecco comunque una lista, voce per voce, con i prezzi minimi e massimi.

Per lei	minimo	massimo
abito	**1.000.000**	**20.000.000**
acconciatura	300.000	2.000.000
parrucchiere	**200.000**	**400.000**
scarpe	100.000	300.000
guanti	**30.000**	**150.000**
Per lui		
abito	**900.000**	**2.000.000**
camicia	100.000	250.000
scarpe	**100.000**	**280.000**
cravatta	50.000	90.000
La festa		
200 partecipazioni	**400.000**	**1.000.000**
150 bomboniere	400.000	3.500.000
fiori per la chiesa	**500.000**	**4.000.000**
bouquet	100.000	400.000
chiesa	**200.000**	**500.000**
foto	800.000	2.000.000
videocassetta	**1.100.000**	**1.500.000**
auto o carrozza	400.000	1.800.000
ricevimento	**3.500.000**	**15.000.000**
musica	500.000	4.000.000
Totale	**10.680.000**	**59.170.000**

(da *Anna*, 2/3/94, ridotto)

Il matrimonio	**va festeggiato** **deve essere festeggiato**	alla grande.

ESERCIZIO

Completate le frasi secondo il modello.

> La data del matrimonio *va fissata/deve essere fissata* con sufficiente anticipo.

a. I documenti necessari (richiedere) ______________________ per tempo all'anagrafe.

b. Le partecipazioni (spedire) ______________________ almeno due mesi prima.

c. La chiesa (prenotare) ______________________ almeno sei mesi prima.

d. Se ci si sposa in chiesa (presentare) ______________________ anche i certificati di battesimo e di cresima.

E ADESSO TOCCA A VOI!

Parlate di un matrimonio a cui avete assistito.

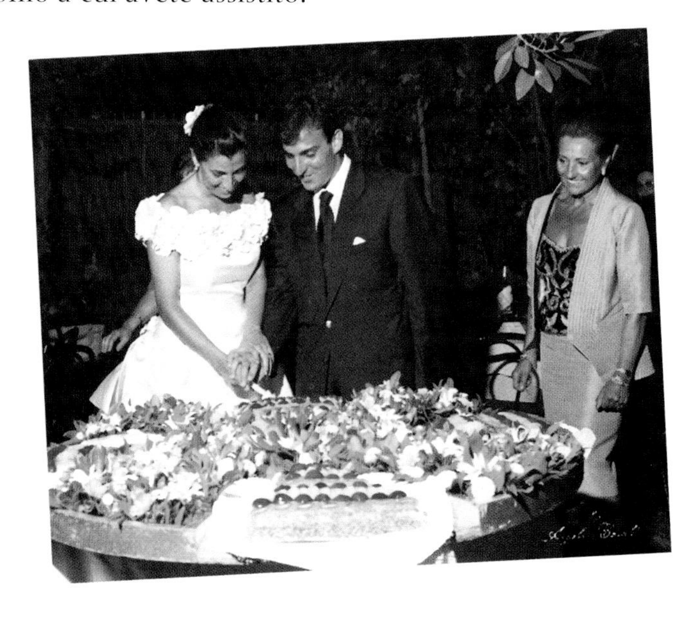

5

④ QUESTIONARIO

La signora Miglio si confida con il parrucchiere.

a. La signora vuole che il parrucchiere
- le faccia la permanente. ❑
- le tagli i capelli. ❑
- le faccia delle mèches. ❑

b. La figlia della signora Miglio
- non vuole sposarsi in bianco. ❑
- non vuole sposarsi in chiesa. ❑
- non vuole sposarsi nella sua città. ❑

c. La signora Miglio voleva
- affittare una villa. ❑
- noleggiare una Rolls Royce. ❑
- noleggiare una carrozza. ❑

d. La figlia
- non vuole fare il rinfresco. ❑
- vuole fare un rinfresco in piedi. ❑
- vuole fare un pranzo solo con i testimoni. ❑

e. Il parrucchiere condivide la scelta della figlia? ____________________

2 6

5 DIALOGO

- ● A proposito signora, come sta Sua figlia?
- ■ Oh, per carità, Roby. Non me ne parli.
- ● Che è successo?
- ■ È una cosa, guardi.
- ● Ma si sposa. M'ha detto l'altra volta che si sposa.
- ■ Sì, sì. Si sposa, si sposa.
- ● Be', benissimo. Non è contenta?
- ■ No. Ci sono delle novità.
- ● E quali?
- ■ Eh, si vuole sposare solo in comune.
- ● E be', che male c'è?
- ■ Ma senta, Roby, per me il matrimonio è solo un matrimonio in chiesa.
- ● Ma l'importante è che si sposi, no?

ESERCIZIO

Inserite e coniugate il verbo, aggiungendo se necessario il pronome richiesto.

□ Mia figlia si vuole sposare solo in comune.
○ Be', l'importante è che si sposi.

a. □ Paolo ha deciso che non si laurea a ottobre ma a marzo.

○ Be', l'importante è che _si laurei_

b. □ Ha telefonato Marco e ha detto che non arriva prima delle 10.

○ Be', l'importante è che _arrivi_.

c. □ Lorenzo mi accompagna con la macchina invece che con la moto.

○ Be', l'importante è che _ti accompagni_.

d. □ La macchina non è ancora pronta. Ci vogliono ancora un paio d'ore di lavoro.

○ Be', l'importante è che _sia_ pronta per questa sera.

e. □ Mi dispiace, vado anch' io in vacanza a luglio, però il gatto puoi lasciarlo a mia madre o forse anche a mio fratello.

○ Be', l'importante è che _sia_ lasciare a qualcuno.

7

7 DETTATO

● ______ ______ , ______ , io non volevo

______, ma quella ______ Le vuole molto bene.

______ ____ ______ che viene qui a tagliarsi i ______

mi ______ ______ bene di Lei.

■ ______ ?

● ______ ______ ______ , adesso ripensandoci,

____ ______ ____ risparmio sa? ______ Lei pensi: la

cerimonia quanto Le sarebbe costata?

■ ______ , ______ , ______ , ______ sono ____ ______

che avrei speso molto ______ , mi creda.

● E va be', li spenderà con i nipotini.

8 ESERCIZIO

Fate dei dialoghi secondo il modello.

soldi (io) spendere / (Lei) con i nipotini

□ Sono soldi che avrei speso molto volentieri.
○ E va be', li spenderà con i nipotini.

a. un film (io) vedere / (noi) domani sera
b. libro (io) leggere / (tu) un'altra volta
c. posti (noi) vedere / (voi) durante il viaggio di ritorno
d. ristorante (io) mangiare / (noi) sabato sera
e. locale (io) andare / (noi) con Marcello e Alessandra
f. albergo (io) alloggiare / (Lei) un'altra volta
g. viaggio (noi) fare / (voi) l'anno prossimo

9

E ADESSO TOCCA A VOI!

a. Trovate che abbia ragione la signora Miglio o la figlia?
b. Vi sembra giusto spendere tanti soldi per un matrimonio?

Antonella Cusimano
Germano Lo Re

annunciano il loro matrimonio

Parrocchia S. Rosalia (Via S. Lorenzo, 198)
Palermo, 3 Giugno 1994 - ore 16,00

Via San Lorenzo, 52
Via Filippo Di Giovanni, 21

ESERCIZIO

Cercate nel dialogo e nel dettato le seguenti espressioni.
Come direste nella vostra lingua?
Scrivetelo qui sotto.

○ ripensandoci ______________________

○ è una cosa ______________________

○ per carità ______________________

○ a proposito ______________________

○ e va be' ______________________

11 ESERCIZIO

Inserite adesso le espressioni nelle seguenti frasi.

a. □ Sai che ti dico? ____________________ era meglio restare a casa.

△ Hai ragione. Anche a me la festa non è piaciuta per niente.

b. □ Hai rivisto Antonio per caso?

△ Sì, la settimana scorsa. ____________________ , mi ha detto di salutarti.

c. □ Peccato! Stasera sarei andato volentieri a teatro.

△ ____________________ , vedrai che sabato troviamo senz'altro i biglietti.

d. □ Come va con tua suocera?

△ ____________________ ! Parliamo d'altro.

e. □ Ma hai davvero tante difficoltà con il tuo nuovo collega?

△ Guarda, ____________________ !

12 E ADESSO TOCCA A VOI!

A Lei è dal parrucchiere. Un problema La assilla da qualche giorno: Suo figlio, che si è da poco diplomato, Le ha appena detto che non vuole iscriversi all'università, ma che vuole fare un corso per diventare regista cinematografico. Lei è amareggiato / -a. Insieme a Sua moglie / Suo marito ha un avviatissimo studio legale, in cui Suo figlio, secondo le Sue aspettative, sarebbe un giorno subentrato. Lei si confida con il parrucchiere / la parrucchiera esprimendogli / -le la Sua delusione.

B Lei è parrucchiere / parrucchiera. Oggi si presenta nel Suo negozio un Suo / una Sua cliente abituale che ha insieme al marito / alla moglie un avviatissimo studio legale. Ogni volta che viene Le parla del figlio con cui ha sempre qualche problema. Il ragazzo è bravo e studioso, ma è sempre stato un po' ribelle all'autorità dei genitori. Lei conosce il ragazzo e ha molta simpatia per lui e per le sue idee. Il Suo / la Sua cliente è scuro / -a in volto. Sicuramente c'è qualche novità.

13

LETTURA

Il seguente brano è tratto da *Va'dove ti porta il cuore* di Susanna Tamaro, una scrittrice nata a Trieste nel 1957. Il libro, pubblicato nel 1994, è il diario di una nonna, scritto per la nipote lontana al fine di raccontarle di sé e della figlia morta giovane.
In questa pagina la narratrice, Olga, descrive i primi tempi di convivenza con il marito.

Ci sposammo con una cerimonia sobria il primo giugno del '40. Dieci giorni dopo l'Italia entrò in guerra. Per ragioni di sicurezza, mia madre si rifugiò in un paesino di montagna, in Veneto, mentre io, con mio marito, raggiunsi L'Aquila. (...)
5 A L'Aquila andammo ad abitare nella casa della famiglia di Augusto, un grande appartamento al primo piano di un palazzo nobiliare del centro. Era arredato con mobili cupi, pesanti, la luce era scarsa, l'aspetto sinistro. Appena entrata mi sentii stringere il cuore. È qui che dovrò viver mi chiesi, con un uomo che cono-
10 sco da appena sei mesi, in una città in cui non ho neanche un amico? Mio marito capì subito lo stato di smarrimento in cui mi trovavo e per le prime due settimane fece tutto il possibile per distrarmi. Un giorno sì e un giorno no prendeva la macchina e andavamo a fare delle passeggiate sui monti dei dintorni. Avevamo
15 entrambi una grande passione per le escursioni. Vedendo quelle montagne così belle, quei paesi arroccati sui cocuzzoli come nei presepi mi ero un po' rasserenata, in qualche modo mi sembrava di non aver lasciato il Nord, la mia casa. Continuavamo a parlare molto. Augusto amava la natura, gli insetti in particolare, e
20 camminando mi spiegava un mucchio di cose. Gran parte del mio sapere sulle scienze naturali lo devo proprio a lui.
Al termine di quelle due settimane che erano state il nostro viaggio di nozze, lui riprese il lavoro e io cominciai la mia vita, sola nella grande casa. Con me c'era una vecchia domestica, era
25 lei che si occupava delle principali faccende. Come tutte le mogli borghesi dovevo soltanto programmare il pranzo e la cena, per il resto non avevo niente da fare. Presi l'abitudine di uscire ogni giorno da sola a fare delle lunghe passeggiate. Percorrevo le strade avanti e indietro con passo furioso, avevo tanti pensie-
30 ri in testa e tra tutti questi pensieri non riuscivo a fare chiarezza. Lo amo, mi chiedevo fermandomi all'improvviso, oppure è stato tutto un grande abbaglio? Quando stavamo seduti a tavola o la sera in salotto lo guardavo e guardandolo mi chiedevo: cosa provo? Provavo tenerezza, questo era certo, e anche lui sicura-
35 mente la provava per me. Ma era questo l'amore? Era tutto qui? Non avendo mai provato nient'altro non riuscivo a rispondermi.

Segnate con una crocetta le affermazioni esatte.

a. A Olga	piaceva	❑	l'appartamento della famiglia di Augusto.
	non piaceva	☑	
b. Augusto	si era accorto	☑	che per la moglie era difficile vivere a L'Aquila.
	non si era accorto	❑	
c. Ad Augusto	piaceva	☑	camminare in montagna.
	non piaceva	❑	
d. A L'Aquila Olga	era	❑	molto occupata.
	non era	☑	
e. Olga	era sicura	❑	di amare il marito.
	non era sicura	☑	

(14)

ESERCIZIO

Nel testo Susanna Tamaro invece di «ci siamo sposati» scrive «ci sposammo», usa cioè il passato remoto, un tempo che nella letteratura sostituisce di solito il passato prossimo. Nel primo paragrafo sono passati remoti anche «entrò» (entrare), «si rifugiò» (rifugiarsi) e «raggiunsi» (raggiungere).
Cercate adesso nel seguito del brano gli altri passati remoti. Trascriveteli e mettete accanto ad essi la corrispondente forma dell'infinito.

ESERCIZIO

15

Immaginiamo adesso che sia il marito a raccontare la storia. Il brano inizierebbe così.

Io capii subito lo stato di smarrimento in cui si trovava e per le prime due settimane feci tutto il possibile per distrarla.

Continuate adesso fino alla fine del paragrafo. (r. 21)

Un giorno sì e un giorno no ....

Non avendo mai provato nient'altro non riuscivo a rispondermi.
Non riuscivo a rispondermi **perché non avevo mai provato** nient'altro.

ESERCIZIO

16

Trasformate le frasi usando il gerundio passato.

a. Avevo una fame da lupo perché non avevo mangiato niente tutto il giorno.

b. Carlo aveva una gran voglia di uscire perché era stato tutto il giorno a casa.

c. Avevamo delle difficoltà con l'italiano perché per vent'anni avevamo parlato solo tedesco.

d. Abbiamo dovuto portare la macchina dal meccanico perché non siamo riusciti a ripararla.

e. Non ricordavo piu l'ora dell'appuntamento perché avevo perso l'agenda.

f. Carlo sapeva già tutto perché aveva parlato con Mario.

g. Non sono potuti arrivare in tempo perché sono partiti tardi.

8

(17)

ASCOLTO

Dacia Maraini, famosa autrice di romanzi e attenta osservatrice della società italiana, in questa intervista ci parla degli italiani di oggi.

Ascoltate l'intervista e poi rispondete alle domande.

a. Quali sono, secondo la Maraini, i pregi e i difetti degli italiani?

b. Per quanto riguarda le donne che cosa è avvenuto, secondo la Maraini, negli ultimi anni

- sul piano delle leggi?
- dal punto di vista del costume?

c. Come hanno reagito gli uomini di fronte ai cambiamenti avvenuti?

E ADESSO TOCCA A VOI!

a. Quali pregiudizi sugli italiani potreste aggiungere a quelli citati dalla Maraini?

b. Esistono pregiudizi sui vostri connazionali che vi sentite di condividere?

c. Come vi sembra la situazione della donna nel vostro paese? Rassomiglia a quella descritta dalla Maraini per l'Italia?

19

TEST

I. Completate le frasi con i verbi al tempo e al modo opportuni.

a. A mia madre puoi dire tutto, l'importante però è che non lo (sapere) ___ mio padre.

b. Purtroppo in casa non ho niente, altrimenti ti (invitare) ___ a cena.

c. Vuol dire che i soldi che ho risparmiato quest'anno li (spendere) ___ l'anno prossimo.

d. L'ultima volta che l'ho vista Lei mi ha detto che (volere) ___ prendersi una vacanza.

II. Trasformate le frasi usando il gerundio.

a. Non riusciva a far carriera perché non aveva frequentato l'università.

___

b. Non aveva fame perché aveva già mangiato.

___

c. Parlava bene l'inglese perché era stata alla pari in Inghilterra.

___

d. Aveva perso 10 chili perché aveva fatto una dieta.

___

e. Sono tornati a piedi perché non sono riusciti a trovare un taxi.

___

LEZIONE 11

C'è stato un furto

1 LETTURA

Bimbo digiuna e i ladri gli restituiscono il cagnolino

MONTECATINI TERME (Pistoia) – Ladri sì, ma con un cuore. Che si è intenerito fino a restituire il maltolto di fronte alla disperazione vera, quella di un bambino che per il dolore non mangiava più da giorni. La vicenda, straordinaria, è accaduta a Montecatini Terme, la famosa località in provincia di Pistoia. Era un cane l'insolito bottino della banda di «manolesta» che si sono commossi di fronte al digiuno di Gregori Lapinta, di tre anni. «Ugolino», il volpino di razza Spitz cresciuto insieme con il bimbo, era stato rubato sul viale Verdi, in pieno centro a Montecatini, mentre faceva la consueta passeggiatina al guinzaglio della mamma di Gregori. È stato sufficiente un attimo di distrazione della donna: qualcuno ha approfittato di quell'attimo, ha afferrato il piccolo quattrozampe e l'ha fatto sparire. Un testimone però aveva assistito alla scena ed ha aiutato la donna a sporgere denuncia ai carabinieri. Ma nonostante le ricerche, di «Ugolino» non si è trovata più traccia. Si temeva che il furto fosse opera di una banda specializzata: «Ugolino» infatti appartiene a una razza pregiata e negli ultimi mesi in Valdinievole, sono spariti nel nulla numerosi quattrozampe con pedigree. Ma il problema più grosso per la famiglia Lapinta è stato dare la triste notizia a Gregori. Il bambino, che ha la stessa età del cane ed è cresciuto assieme a lui, è piombato in un vero e proprio stato di depressione: quel volpino è ben più di un «semplice» cane per Gregori. Rappresenta un punto fermo, una parte della famiglia, un affetto irrinunciabile. E così il bimbo, qualche giorno fa, per il dolore ha cominciato a rifiutare il cibo.
I genitori, preoccupatissimi, si sono trovati davanti alla prospettiva di far ricoverare il figlio in ospedale. E allora, tramite un giornale, hanno lanciato un accorato appello ai ladri perché restituissero «Ugolino» a Gregori.
I ladri non hanno potuto resistere: cosa vale il ricavato del furto di un cane di fronte alla felicità di un bambino? E così «Ugolino» è stato ritrovato ieri mattina, legato di fronte a casa Lapinta. E Gregori ha potuto ricominciare a mangiare e a sorridere.

(da *Il Resto del Carlino*, 5/6/94 leggermente adattato)

Il testo dice ...	sì	no
dove è stato rubato il cane?	❑	❑
chi sono i ladri del cane?	❑	❑
quanti anni ha il cane?	❑	❑
quando è stato ritrovato il cane?	❑	❑
perché i ladri hanno restituito il cane?	❑	❑

2 ESERCIZIO

a. Quale parola ha nel testo il significato di *cane*?

b. Quali sono i due sostantivi usati per definire una *cosa rubata*?

c. Quale parola ha il significato di *ladri*?

d. Quale parola ha il significato di *storia*?

e. Quale parola ha il significato opposto a *insolito*? / consueta.

Si temeva che il furto **fosse** opera di una banda specializzata.
Si sperava che i ladri **restituissero** il cagnolino.

3 ESERCIZIO

Completate le frasi con i verbi al congiuntivo imperfetto.

a. Si sperava che i ladri (commuoversi) ________________ di fronte al dolore del bambino.

b. Si temeva che il bambino non (volere) ________ più mangiare.

c. Si temeva che i ladri (abbandonare) ________________ il cane.

d. Non si sperava più che la polizia (ritrovare) ____________ il cane.

e. Ci si augurava che tutto (finire) ____________ bene.

f. Non si pensava che i ladri (lasciarsi) ________________ intenerire.

g. Certamente i ladri non immaginavano che il cane (essere) ________ così importante per il bambino.

4 ESERCIZIO

Due amici inseparabili sono due amici che non si possono separare.
Un affetto irrinunciabile è un affetto a cui non si può rinunciare.

Che cosa è

una città invivibile?
un caos indescrivibile?
una casa inabitabile?
un'esperienza indimenticabile?
una firma illegibile?
una forza irresistibile?
una minestra immangiabile?
una parola irripetibile?
una persona impresentabile?
una proposta inaccettabile?

In quali degli aggettivi dell'esercizio il prefisso *in-* subisce un cambiamento? Qual è la regola del cambiamento?

5 E ADESSO TOCCA A VOI!

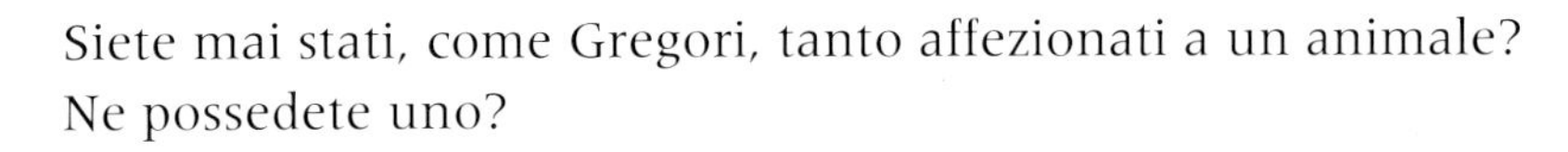

Siete mai stati, come Gregori, tanto affezionati a un animale?
Ne possedete uno?

6 QUESTIONARIO

Il signor Monti domanda al portiere i particolari di un furto che qualche tempo fa si è svolto nel palazzo in cui abita.

a. A che piano si è verificato il furto?

____

b. In che giorno si è verificato?

____

c. Quale delle seguenti descrizioni del furto è quella vera?

1. I ladri sono entrati nel palazzo attraverso la porta del garage lasciata aperta da qualche inquilino. Sono saliti sul terrazzo condominiale e sono entrati nell'appartamento del Graziani calandosi con una fune.
2. I ladri sono passati dal terrazzo condominiale del palazzo accanto. Si sono calati con una fune sul balcone del Graziani e sono entrati nell'appartamento attraverso la porta finestra, che era aperta.
3. I ladri sono entrati dal portone. Hanno forzato la porta del terrazzo condominiale. Si sono calati con una fune sul balcone del Graziani e sono entrati nell'appartamento rompendo un vetro.

d. Che cosa hanno rubato i ladri?

vestiti	❏	documenti	❏	quadri	❏
carte di credito	❏	tappeti	❏	soldi	❏
argenteria	❏	assegni	❏	gioielli	❏

e. Che provvedimenti si pensa di prendere per evitare altri furti?

____

2 10

DIALOGO

■ Buongiorno, Domenico. Senta, ieri ho parlato un attimo col dottor De Angelis, e m'ha detto che alcune settimane fa, qualche giorno prima che io venissi ad abitare qui, c'è stato un furto al terzo piano.

● Sì, sì. C'è stato un furto.

■ Eh, ma Lei può dirmi qualcosa di più, perché è abbastanza preoccupante per me che i ladri siano riusciti ad entrare. Come è successo? Di giorno? Di notte? Come è stato?

Prima che io venissi ad abitare qui c'è stato un furto.

È preoccupante che i ladri **siano riusciti** ad entrare.

ESERCIZIO

Ripete il dialogo sostituendo alla sequenza (A) *venire ad abitare qui* – (B) *esserci un furto al terzo piano* – (C) *i ladri riuscire ad entrare*, altre sequenze possibili (es. *ritornare dalle vacanze – allagarsi le cantine – avvenire una cosa di questa gravità*).

A rientrare dalle ferie
trasferirmi qui
prendere in affitto l'appartamento
comprare l'appartamento
ritornare dalle vacanze

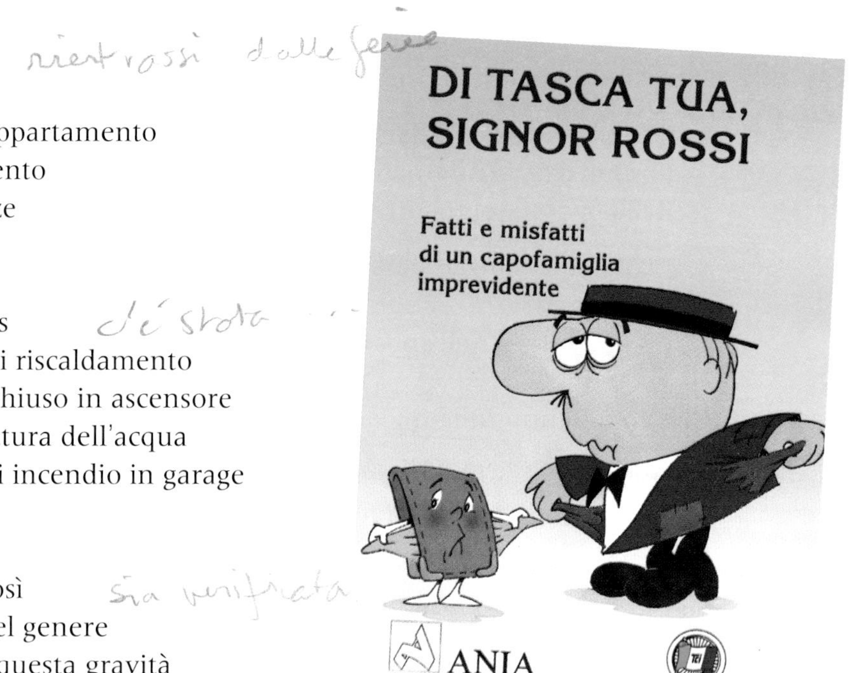

B esserci una fuga di gas
rompersi l'impianto di riscaldamento
un inquilino restare chiuso in ascensore
esplodere una conduttura dell'acqua
esserci un principio di incendio in garage

C verificarsi una cosa così
succedere una cosa del genere
avvenire una cosa di questa gravità
accadere un fatto così grave
capitare una cosa simile

9 LETTURA

Come difendersi dai ladri

Ci si può proteggere dai ladri? Si può fare qualcosa per vivere tranquilli senza l'angoscia continua che qualcuno possa entrare in casa mentre siamo assenti? È chiaro che è impossibile difendersi al cento per cento, si può fare tuttavia qualcosa per diminuire i rischi, e anche per evitare delle brutte sorprese. Ecco qualche accorgimento da seguire.
Prima di uscire di casa accertatevi che tutte le finestre siano ben chiuse e che le tapparelle siano abbassate. Chiudete bene a chiave la porta di ingresso. L'ideale sarebbe avere una porta d'ingresso blindata o almeno provvista di serratura di sicurezza. Un sistema di allarme applicato a porte e finestre vi proteggerebbe ancora di più. A meno che non siate assicurati, evitate di tenere in casa oggetti di valore o di lasciarli a portata di mano. Se volete tenerli in casa, nascondeteli in un posto sicuro. La stessa cosa vale per soldi, assegni, libretti di risparmio e documenti, che andrebbero custoditi in una cassaforte. Se dovete assentarvi per un periodo piuttosto lungo, sarebbe meglio depositare questi oggetti in una cassetta di sicurezza presso la vostra banca. Se potete, pregate inoltre una persona di fiducia di svuotare di tanto in tanto la cassetta delle lettere. Date le chiavi di casa solo alle persone che conoscete bene e di cui vi fidate ciecamente.
Se suonano alla porta, non aprite mai prima di aver guardato attraverso lo spioncino e soprattutto non fate entrare sconosciuti in casa! E per finire ricordate che, come dice il proverbio, fidarsi è bene, ma non fidarsi è meglio.

a. Cosa dovrebbe fare, secondo il testo, una persona prima di uscire di casa?
b. E prima di andare in vacanza?
c. E quando è in casa?

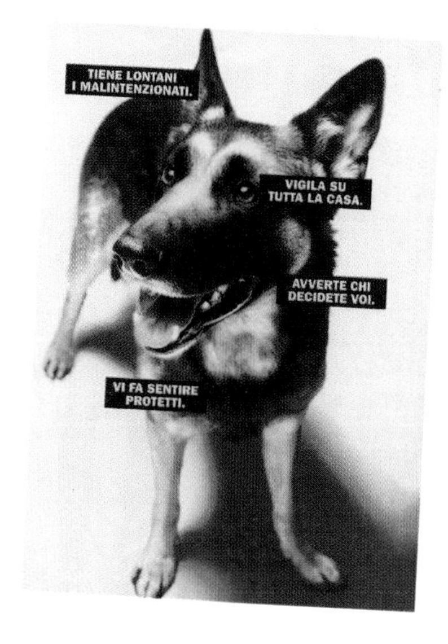

10 ESERCIZIO

a. Cercate nel testo tutti i congiuntivi e stabilite da che cosa dipendono.
b. Nel testo c'è un'espressione impersonale che regge l'indicativo. Quale?

11 E ADESSO TOCCA A VOI!

a. Quali delle norme di sicurezza descritte nel testo osservate in genere?
b. Quali ritenete indispensabili?
c. Ce ne sono alcune che vi sembrano esagerate?
d. Quali altre norme di sicurezza aggiungereste?

2 11

12 DETTATO

■ Sa, ____ ____ ____________ preoccupato ________ ________

____ ho degli oggetti di valore e fra l'altro sono assente

______ ______ ____ ________ da casa, a volte ______ ______

______ . Non vorrei ________ ____ ______ e ________ la

stessa situazione ______ ____ ________ il dottor Graziani.

● Ma ____ ________ che ____ ______ una riunione di condominio tra

________ ________, anzi ____________ arrivare l'avviso

________ ____ ____________.

■ Per che cosa? Per installare un sistema di sicurezza?

● Sì, una riunione per mettere d'accordo ____________ inquilini per

installare un sistema di sicurezza collettivo, ovviamente ____________.

■ E va be', ________.

● E però la riunione ________ ______ ____ ____ e quindi, niente,

finchè non ci sarà ____________ ______ __________, staremo ________ più attenti.

13 ESERCIZIO

Cercate nel dettato le seguenti espressioni.
Come direste nella vostra lingua?
Scrivetelo qui sotto.

○ fra l'altro ____________________

○ niente ____________________

○ anzi ____________________

○ non vorrei ____________________

14 ESERCIZIO

Inserite adesso le espressioni nei seguenti dialoghi.

a. □ Viene anche Marcello stasera?

△ Mah, ha detto di sì, ______________ , ha pure telefonato per confermare.

b. □ Smettiamo?

△ Sì, guarda, io sono stanchissimo. Ho lavorato tutto il giorno. ______________ stamattina mi sono anche svegliato alle sei.

c. □ Prendiamo un taxi per andare alla stazione?

△ È meglio di sì. ______________ perdere il treno anche stavolta.

d. □ Avevi lasciato i soldi a casa?

△ Esatto, e quindi, ______________ , ho dovuto chiedere a Donatella di pagare lei il conto del ristorante.

15 E ADESSO TOCCA A VOI!

A Lei è l'inquilino di un palazzo nel quale si è svolto un furto al pianterreno. Lo descriva al Suo vicino in base ai disegni qui sotto. Racconti che cosa hanno preso i ladri. Esprima anche le Sue preoccupazioni e le Sue idee sui rimedi che il condominio dovrebbe prendere.

B Lei abita da qualche settimana in un palazzo nel quale, come ha saputo da poco, qualche tempo fa si è svolto un furto. Si informi presso il Suo vicino dei dettagli del furto. Esprima anche le Sue preoccupazioni e le Sue idee sui rimedi che il condominio dovrebbe prendere.

16

LETTURA

Patrizio, mago dello scippo a 11 anni. Al dito sfoggia un anello con brillante.

NAPOLI – Un mestiere ce l'ha. A undici anni conosce già tutti i segreti del suo lavoro, è svelto, deciso, più dei suoi colleghi «grandi»; nel suo campo è un vero piccolo professionista. Ha cominciato a soli nove anni imparando presto a scegliere i «clienti», a valutare i tempi giusti e a calcolare i rischi. Ieri però Patrizio A., di professione scippatore, ha trovato una signora troppo attaccata alla sua borsa e dei poliziotti più svelti di lui. È finito così in Questura stretto fra due «falchi», gli agenti in borghese antiscippo: una scena non rara a Napoli, che per Patrizio si è ripetuta già tre volte.

A undici anni è ormai una faccia nota per la squadra mobile. Sesto figlio di una famiglia del rione Sanità, (...) Patrizio ha conosciuto solo la scuola della strada. A quella vera non c'è mai andato perché, dice, «è tempo perso».

Ieri mattina come ogni giorno, è uscito con il suo compare per procurarsi i soldi per il giubbotto, la discoteca o il panino in un pub. In via Foria ha notato una donna e un'auto, è sceso dalla moto e con una candela per l'avviamento ha frantumato il finestrino, afferrando con l'altra mano la borsa appoggiata sul sedile. Ma a Napoli ormai anche le vittime hanno i riflessi pronti: la donna è riuscita ad allungare una mano, a prendere la borsa per un manico e a resistere agli strattoni. Secondi preziosi che sono serviti a una pattuglia di «falchi» per piombare addosso a Patrizio e caricarlo sulla moto sino alla Questura.

È cominciato così il solito iter dell'identificazione, dell'interrogatorio e dei verbali per questo scricciolo alto un metro e mezzo, con gli occhi neri e i capelli a spazzola. Non si è scomposto. Una telefonata a casa e la madre che lo viene a recuperare. Anche ieri sua madre è venuta a riprendersi il figlio, indifferente come se stesse all'uscita della scuola. Con il marito è stata denunciata per evasione scolastica. La polizia ha anche inviato una relazione al tribunale dei minori perché il bambino venga sottratto alla potestà dei genitori. (...)

Tre ore dopo lo scippo, Patrizio esce dalla Questura e, toccandosi l'anello col brillante infilato al dito, si volta verso gli agenti: «Lasciatemi stare, io so fare solo questo e lo continuerò a fare.»

(da *Il Corriere della Sera*, 15/3/94)

È vero?

	sì	no
a. Patrizio era già stato arrestato altre volte.	☑	❑
b. Quando ha tentato lo scippo Patrizio era solo.	❑	☑
c. La reazione della donna ha permesso alla polizia di intervenire.	☑	❑
d. La madre di Patrizio si è mostrata preoccupata per il «lavoro» del figlio.	❑	☑

17 ESERCIZIO

Unite i verbi della colonna a sinistra ai loro significati nella colonna a destra.

a. frantumare	**1.** girarsi
b. afferrare	**2.** rompere in mille pezzi
c. voltarsi	**3.** perdere il self-control
d. scomporsi	**4.** prendere con forza

18 ESERCIZIO

Nel testo i poliziotti per la loro rapidità e prontezza sono definiti «falchi»; Patrizio per la sua gracilità è detto «scricciolo». Secondo voi quali dei nomi di animali elencati qui sotto sono usati per definire

a. una donna stupida
b. una persona astuta
c. un cattivo studente
d. una persona paurosa
e. una persona decisamente brutta
f. chi preferisce stare da solo
g. qualcuno particolarmente testardo
h. una donna vanitosa che vuole attirare l'attenzione degli uomini
i. qualcuno particolarmente lento
j. una persona che coglie ogni occasione per offendere gli altri
k. chi crede a tutto e si fa facilmente ingannare
l. chi è molto vanitoso

La madre è venuta a riprendersi il figlio, indifferente **come se stesse** all'uscita della scuola e **come se** il comportamento del figlio non le **desse** nessuna preoccupazione.

19 ESERCIZIO

Completate le frasi con il congiuntivo imperfetto dei seguenti verbi.

andare - dare - dovere - sapere - sentirsi - uscire

a. Si è presentata al colloquio di lavoro truccata come se ______________ andare a una festa mascherata.

b. Si è presentato all'appuntamento con Luisa imbarazzato come se ______________ per la prima volta con una donna.

c. Ha risposto alle domande dei giornalisti arrogante come se ______________ il padrone del mondo.

d. Si è mostrato sicuro di sé come se ______________ tutto lui.

e. Si è seduto davanti al professore nervoso come se ______________ un esame per la prima volta.

f. È entrato in sala operatoria tranquillo come se ______________ a fare una passeggiata.

E ADESSO TOCCA A VOI!

Voi o un vostro conoscente avete mai subito un furto? Parlatene con un compagno.

21

ESERCIZIO

La Ballata del Cerutti, di Giorgio Gaber e Umberto Simonetta, è stata uno dei successi degli anni '60. Giorgio Gaber, che l'ha resa famosa, è ancora oggi uno dei piu noti cantautori e cabarettisti italiani.

a. Guardate la storia illustrata qui sotto e, con l'aiuto dell'insegnante, provate a raccontarla.

2 12

b. Ascoltate adesso la canzone e completate il testo.

La Ballata del Cerutti

Io ho sentito molte ballate: quella di Tom Dooley, quella di Davy Crockett, e sarebbe piaciuto anche a me scriverne una così invece, invece niente: ho fatto una ballata per uno che sta a Milano, al Giambellino: il Cerutti, Cerutti Gino.

_____ _____ _____ _____ Cerutti Gino
ma lo chiamavan «drago».
_____ _____ _____ del Giambellino
dicevan ch'era un mago.

_____ , _____ , mai una _____ ,
per non passare _____ .
Fiutava _____ che aria tira
e non sgobbava _____ .

_____ _____ in una _____ _____
occhio, c'è una lambretta.
Fingendo _____ _____ aver _____
il Cerutti monta _____ _____ .

Ma che rogna nera _____ _____
_____ _____ _____ _____ ,
veloce _____ la pantera
e lo beve la «madama».

_____ _____ _____ e un _____ manomesso.
_____ _____ al terzo raggio.
È lì che _____ _____ _____ processo
_____ vien fuori _____ _____ .

S'è beccato un bel tre mesi il Gino,
ma il giudice _____ _____ _____ .
_____ _____ un lungo fervorino.
_____ _____ col condono.

_____ _____ _____ _____ Cerutti Gino
_____ _____ nel _____
_____ parleran del Gino
diran _____ _____ _____ tipo duro.

22 ESERCIZIO

a. Unite i sostantivi al loro significato.

occhio	polizia
rogna	attenzione
pantera	ramanzina
madama	sfortuna
fervorino	macchina della polizia

b. Unite i verbi al loro significato.

sgobbare	salire
fingere	arrestare
montare	prendersi
bere	lavorare
beccarsi	simulare

23

TEST

I. Completate le frasi con i verbi al modo e al tempo opportuni.

a. Temevo che (cominciare) ________________ a piovere e così non sono andata a giocare a tennis.

b. Speravo che la tua lettera (arrivare) ________________ in tempo.

c. Ho conosciuto Mario prima che lui (trasferirsi) ________________ in Francia.

d. Ho sentito che due settimane fa (esserci) ________________ un furto al primo piano.

e. È impossibile che sabato scorso i ladri (riuscire) ________________ ad entrare attraverso il portone principale perché (esserci) ________________ il portiere.

f. È chiaro che i ladri (entrare) ________________ attraverso il garage.

II. Completate le frasi con le seguenti congiunzioni.

a meno che non – finché non – perché – prima che – prima di – quando

a. ________________ troverò un lavoro migliore, continuerò a lavorare in questa ditta.

b. ________________ installeranno il sistema di allarme, gli inquilini potranno stare più tranquilli.

c. Sarà difficile trovare dei biglietti per la partita di domenica prossima, ________________ siate disposti a pagare un sacco di soldi.

d. ________________ comprare una macchina usata, ti consiglio di farla vedere a un meccanico.

e. L'ho capito ________________ lui me lo dicesse.

f. L'ho invitato a cena ________________ mi raccontasse qualcosa delle ultime vacanze.

Ma sei sempre raffreddata?

LETTURA

Il seguente testo è tratto da *Siamo spiacenti di* di Dino Buzzati (1906–1972), scrittore e giornalista, autore di racconti e romanzi fantastici, e a volte paradossali, ricchi di ironia e di felici invenzioni letterarie.

Il medico ideale

Mai, mai che un medico dopo un'accurata visita ci dica:
«Caro signore, mi dispiace, non andiamo niente bene. Se lei continua così, scusi la sincerità, ma le do pochi mesi di vita. Perciò è mio dovere parlarle chiaro. Qui si impone un rigoroso regime di vita.

«Per cominciare, una dieta di ferro: verdure, latte, frutta cotta, carni bianche, sono veleno per lei. Neanche sentirne parlare. Il suo vitto si baserà sui salumi, la selvaggina, le papriche, le mostarde. Molto pepe, molto sale. Tutt'al più, qualche insalata di cipolle e peperoni, ma solo di quando in quando.

«In quanto al bere, mi duole darle una cattiva notizia, ma acqua e succhi di frutta vanno banditi. Vino, questo sì. E soprattutto whisky. Si rassegni, amico mio. Il whisky è per lei il toccasana. Ma sì, anche due tre bottiglie al giorno!

«E ora veniamo agli altri aspetti della sua attività quotidiana. Come prima cosa, mai mettersi a letto prima dell'una, le due di notte. Qualche notte bianca sarebbe l'ideale, ma non pretendo tanto.

«Però il sacrificio più grande, caro signore, è di altro genere. Qui sta la base della guarigione. E il rimedio è presto detto: donne, donne, donne! Non ce ne saranno mai abbastanza! Giorno e notte, notte e giorno. Bisogna che lei si faccia una ragione. E che ci dia dentro più che può».

Perché mai un medico simile non esiste?

a. Che cosa prescrive il medico al suo paziente?
b. Che cosa gli proibisce?

2 ESERCIZIO

a. Sostituite le parole in corsivo con

chiedere – dispiacere – essere necessario – insistere – evitare – accettare la situazione

1. Qui *si impone* un rigoroso regime di vita.
2. *Mi duole* darle una cattiva notizia, ma acqua e succhi di frutta vanno *banditi*.
3. Qualche notte bianca sarebbe l'ideale, ma non *pretendo* tanto.
4. Bisogna che lei *si faccia una ragione*. E che *ci dia dentro* più che può.

b. Cercate nel testo le parole che significano

l'alimentazione
una medicina miracolosa

c. Alla riga 22 si legge «Non ce ne saranno mai abbastanza!» A quale parola si riferisce «ne»? Come sarebbe la stessa frase se cominciasse con «denaro», «problemi», «idee» o «democrazia»?

Mai che un medico **ci dica** ...
Purtroppo un medico **non ci dice mai** ...

3 ESERCIZIO

Una mamma si lamenta del figlio. Trasformate le frasi secondo il modello.

> Mio figlio *non si alza mai* prima di mezzogiorno.
> → *Mai che* mio figlio *si alzi* prima di mezzogiorno.

Mio figlio ...

a. non dà mai una mano in casa.
b. non legge mai un libro.
c. non guarda mai un programma intelligente in televisione.
d. la sera non resta mai a casa.
e. non ritorna mai prima delle due.
f. non pranza mai insieme alla famiglia.
g. non porta mai fuori il cane.
h. non va mai a far la spesa.
i. non si rifà mai il letto.

Mai mettersi Non ci si deve mai mettere	a letto prima dell'una di notte.

4 ESERCIZIO

Qualche consiglio per non scioccare un italiano al ristorante.

> Mai *mangiare* gli spaghetti usando anche il cucchiaio!

E adesso continuate voi inserendo i seguenti verbi.

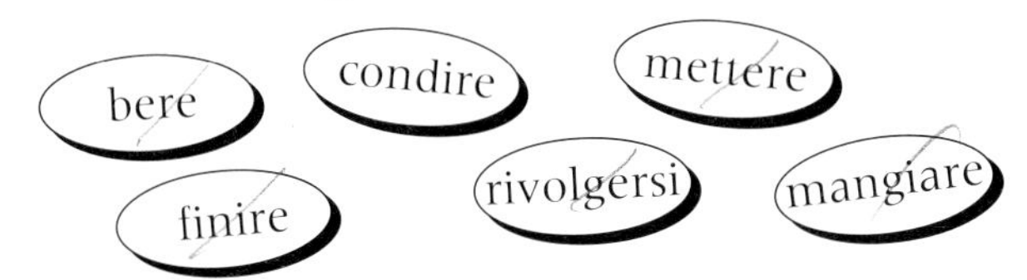

a. Mai __________ al cameriere chiamandolo «cameriere»!

b. Mai __________ un'insalata come primo!

c. Mai __________ il parmigiano sugli spaghetti alle vongole!

d. Mai __________ il vino rosso con il pesce!

e. Mai __________ la mozzarella con l'aceto balsamico!

f. Mai __________ il pasto con un cappuccino!

5 E ADESSO TOCCA A VOI!

Cosa direbbe veramente un medico? Completate il testo.

> «Caro signore, mi dispiace, non andiamo niente bene. Se lei continua così, scusi la sincerità, ma le do pochi mesi di vita. Perciò è mio dovere parlarle chiaro. Qui si impone un rigoroso regime di vita.
> «Per cominciare, una dieta di ferro: ...

6 QUESTIONARIO

Oggi Giulia non fa che starnutire. Laura pensa di poterle dare qualche consiglio.

a. Giulia è allergica
- al polline. ❑
- alle fragole. ❑
- alla formaldeide. ❑
- al pelo di alcuni animali. ❑
- alla polvere. ❑

b. Giulia ha sempre
- la sciarpa al collo. ❑
- lo spray in tasca. ❑
- il fazzoletto in mano. ❑

c. La sorella di Laura soffriva sempre di
- mal di testa ❑
- vertigini ❑
- nausea ❑
- raffreddore ❑
- mal di stomaco ❑

e mangiava
- troppa roba in scatola. ❑
- solo verdura cotta. ❑
- sempre in bianco. ❑

d. Giulia non è soddisfatta delle cure fatte perché
- i medici andavano avanti a tentativi. ❑
- le medicine avevano effetti collaterali. ❑
- doveva fare continuamente delle analisi. ❑

e. Giulia vi sembra convinta di quello che le ha detto l'amica?

7 E ADESSO TOCCA A VOI!

Se foste al posto di Giulia continuereste a curarvi con la medicina tradizionale o provereste qualche terapia alternativa? Perché?

8

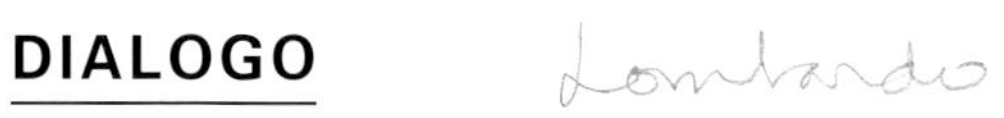

DIALOGO

- ■ Sai che l'anno scorso ho avuto questo attacco d'asma.
- ● Sì, mi ricordo. Che t'han portata al pronto soccorso.
- ■ Infatti, m'han curata col cortisone. Al che io l'ho detto al medico: «Senta, mi dia qualcosa perché non vorrei che mi capitasse ancora quest'attacco d'asma.» E lui mi cura appunto con queste pastiglie.
- ● Sì, ma sei sicura che ci capisca qualcosa questo medico?
- ■ Ma io, guarda, lo spero, ma non lo so.

Non **vorrei che mi capitasse** ancora questo attacco d'asma.

9

ESERCIZIO

Fate dei dialoghi combinando le frasi secondo il modello.

> □ Sai che l'anno scorso il bambino si è ammalato.
> ○ Sì, mi ricordo.
> □ Al che io l'ho detto al medico: «Senta, gli dia qualcosa perché non vorrei che si ammalasse di nuovo.»

a. Sai che la macchina la settimana scorsa si è rotta.

b. Sai che Aldo l'altra volta si è ubriacato.

c. Sai che il vicino il mese scorso ha protestato.

d. Sai che il mese scorso mio figlio ha avuto un incidente con la moto.

1. Al che io ho detto ai bambini: «Non fate troppo rumore perché non vorrei che ______________________ di nuovo.»

2. E io gli ho detto: «Va' piano, perché non vorrei che ____________ un altro incidente.»

3. E allora io glieI'ho detto: «Senti, stavolta cerca di non bere troppo perché non vorrei che ________________ di nuovo.»

4. E allora io ho detto al meccanico: «Senta faccia qualcosa perché non vorrei che ________________ di nuovo.»

(10)

LETTURA

agopuntura shiatsu chiropratica

FITOTERAPIA omeopatia

pranoterapia ayurveda reflessologia

osteopatia naturopatia

L'ALTRA MEDICINA

La medicina alternativa è un successo. Lo dicono le cifre. Secondo i dati forniti dagli operatori del settore sono cinque milioni gli italiani che si affidano alle terapie «dolci» per curare i propri malanni, 5000 i medici e i fisioterapisti che utilizzano metodi di cura non tradizionali, 6000 le farmacie che distribuiscono prodotti omeopatici, 1300 le aziende del settore, che producono un giro d'affari pari a 1000 miliardi di lire. Insomma omeopatia, agopuntura, fitoterapia e le altre «sorelle minori» dell'alternativa (il campo è vastissimo) furoreggiano.

Ma si tratta di una moda passeggera o di una nuova frontiera nel campo della salute? (...) Ecco comunque come ha risposto un campione di italiani a un sondaggio del Censis sulla medicina alternativa.

MOTIVI DEL RICORSO ALLA MEDICINA ALTERNATIVA Secondo Lei quali sono i motivi principali per i quali alcune persone fanno uso di questo tipo di medicina?	
È una medicina naturale e quindi meno dannosa	58,3
È l'ultima risorsa per quelle malattie che non si possono guarire con la medicina ufficiale	21,1
È una medicina che punta soprattutto a prevenire le malattie	15,5
Chi la pratica è più attento ai problemi del paziente come persona	14,1
Altri motivi	9,5

(da *Starbene*, febbraio 1995, ridotto)

(11)

E ADESSO TOCCA A VOI!

Come avreste risposto a questo sondaggio?
Avete mai fatto ricorso alla medicina alternativa?
Conoscete qualcuno che è ricorso a cure di questo tipo?

2 15

12

DETTATO

■ __________, io ho bisogno di un medico che ci capisca

_____________, che mi dia un prodotto che funzioni, __________

finora mi è _______________ che andassero avanti a tentativi:

_______________ _____ __________, se non va bene _______________

_____ __________; e poi, _______________, non è che ____

_______________ me le regalassero.

● ________. E ________ , un altro aspetto ________ _______________

__________________ è __________ ________ : che andando ____ ____

omeopata non spenderai certo più di quanto hai speso finora.

■ Ah, beh, ____ ________, ________ ____ solo io quel che ____

________, _______________. _______________, va be', __________,

io __________ __________ __________ nuova cura e se non dovesse

_______________ vorrà dire che ...

● ... che ____ ________ io un _______________.

Ho bisogno di | un medico **che ci capisca** qualcosa.
una medicina **che funzioni**.

Finora **mi è sembrato che andassero** avanti a tentativi.

13

ESERCIZIO

Fate delle frasi secondo il modello.

> medico – capirci qualcosa
> Ho bisogno di *un medico che ci capisca qualcosa.*

a. medicina – funzionare
b. qualcuno – ascoltarmi
c. amico – capirmi
d. persona – aiutarmi
e. lavoro – soddisfarmi
f. medico – guarirmi
g. amico – darmi un consiglio
h. segretaria – sapere stenografare
i. giacca – andare bene con questi pantaloni
j. dieta – farmi dimagrire
k. macchina – non rompersi sempre

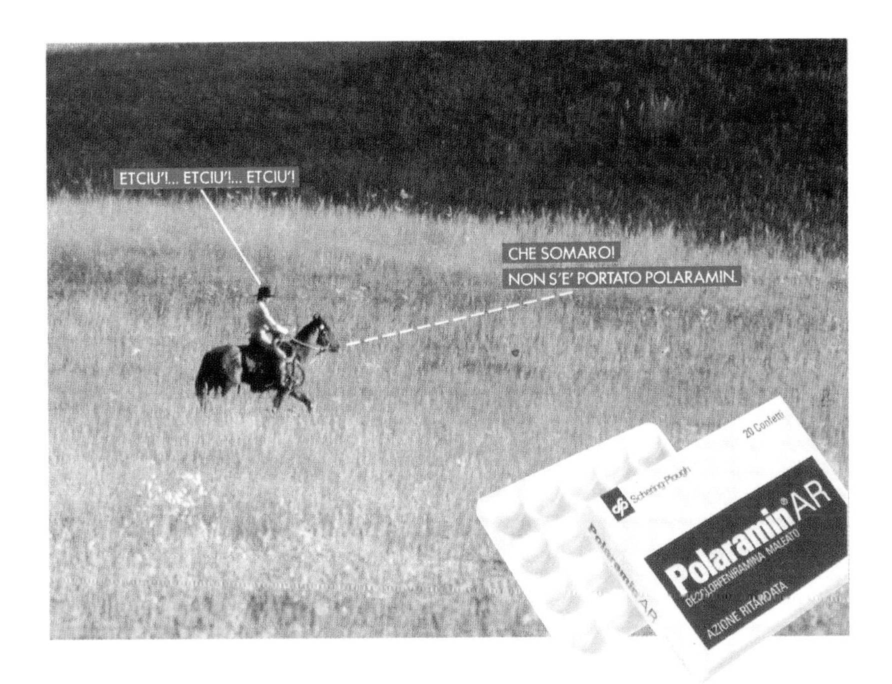

(14)

ESERCIZIO

Trasformate le frasi usando la forma verbale necessaria.

a. Penso che i medici omeopatici non siano abbastanza competenti.

Pensavo che ______ non fossero ______

______

b. Mi sembrava che la cura ti facesse bene.

Mi sembra che ______ ti faccia ______

c. Giulia pensa che gli omeopati non facciano delle visite accurate.

Giulia pensava che ______ non ~~fass~~ facessero ______

______

d. Ero del parere che Giulia avesse bisogno di una cura omeopatica.

Sono del parere che ______ abbia ______

______

e. Volevo un medico che usasse rimedi naturali.

Voglio un medico che ______ usi ______

f. È necessario che Giulia faccia qualcosa contro la sua allergia.

Era necessario che ______ facesse ______

______

Se la cura non **dovesse** funzionare, **vorrà dire che ti darò** io l'indirizzo di un medico. | (eventualità) (rimedio, soluzione)

ESERCIZIO

Fate dei dialoghi secondo il modello.

> provare questa nuova cura – funzionare
> darti io l'indirizzo di un medico
>
> □ Io adesso *provo questa nuova cura* e, se non dovesse *funzionare,* vorrà dire che...
> ○ ... che *ti darò io l'indirizzo di un medico.*

a. telefonare al meccanico – la macchina non essere pronta
prestarti io la mia

b. mettermi a studiare – farcela da solo/-a
aiutarti io il fine settimana

c. cercare di finire questo lavoro – riuscirci entro oggi
domani parlare io con il capufficio

d. cercare un taxi – trovarne uno
accompagnarti io all'aeroporto

e. provare a chiamare Giorgio – trovarlo
avvisarlo io più tardi

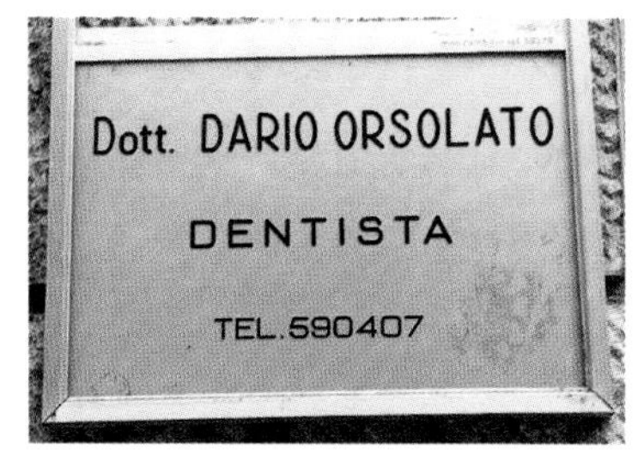

16 E ADESSO TOCCA A VOI!

A Lei soffre di mal di testa. Per guarire si è rivolto/-a a diversi medici, ma risultati finora non se ne sono visti. L'unica cosa che le fa passare il mal di testa sono degli analgesici molto forti che Lei però non prende volentieri per i disturbi che Le provocano allo stomaco e per il timore che ha di diventare dipendente. Lei sa che esistono terapie alternative, ma è molto scettico/-a anche perché ha già provato a curarsi con l'agopuntura, ma dopo quattro sedute ha smesso perché non vedeva risultati. Anche oggi Lei ha un forte mal di testa e si vede. Il/la collega con cui divide la stanza Le rivolge adesso la parola; probabilmente vorrà consigliarLe qualcuna delle sue strane terapie.

B Il Suo/la Sua collega di lavoro anche oggi ha mal di testa e si vede. Poverino/-a! Secondo Lei però non vuole veramente curarsi perché insiste a prendere analgesici e rifiuta altre cure che Lei già in altre occasioni gli/le ha consigliato. Ultimamente un suo amico ha provato una nuova terapia molto efficace: la reflessologia, un cura cioè nella quale si agisce sul malato massaggiandogli la pianta del piede nei punti corrispondenti ai diversi organi. Potrebbe essere questa un'ottima terapia per il Suo/la Sua collega.

Secondo i principi della reflessologia plantare, ogni organo è collegato a un punto del piede. Intervenendo su queste zone con massaggi e pressioni precise (eseguite sempre inspirando ed espirando lentamente) quindi, è possibile riattivare gli organi corrispondenti. Ecco una mappa dettagliata in cui sono segnalati alcuni tra i principali punti che, sollecitati, migliorano

il funzionamento dei vari organi.

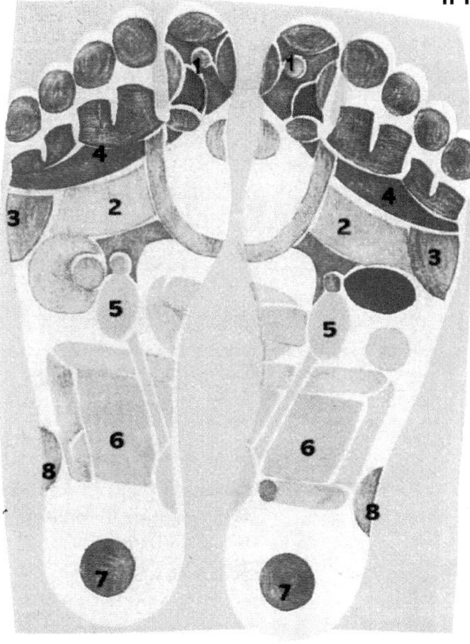

1 Cervello.
2 Polmoni e cuore.
3 Braccia e spalle.
4 Occhi e orecchie.
5 Reni.
6 Intestino tenue.
7 Osso sacro e tronco inferiore.
8 Vescica.

17

LETTURA

GUERRA ALLO STRESS

È senza alcun dubbio l'argomento del momento. Tanto che gli vengono dedicati convegni, simposi, dibattiti, e persino istituti e ospedali. Sullo stress si discute tanto al punto che si potrebbe diventare ... stressati a forza di parlarne. Ma il tema è tristemente attuale, e non riguarda più solo i manager e i giovani rampanti. (...) Oggi, non è più possibile considerare lo stress un semplice senso di disagio: è ormai dimostrato il suo stretto rapporto con cardiopatie, gastriti, ulcere e malattie infettive. (...)
Ma chi sono i più colpiti dallo stress? Se lo sono chiesto gli esperti dell'Istituto di Ricerche Riza Psicosomatica di Milano che hanno realizzato un convegno dal titolo *Lo stress fa ammalare*? L'indagine ha rilevato che gli italiani più stressati sono i giovani tra i 14 e i 25 anni. Si stressano perché devono chiedere i soldi ai genitori, per le sfibranti preparazioni per l'interrogazione a scuola e perché a casa litigano con i fratelli. Anche tra i giovanissimi si stressano più le femmine che i maschi: per i soldi, per il primo rapporto sessuale, quando cercano lavoro, per la situazione del Paese. Quanto agli adulti, lo stress li colpisce soprattutto il lunedì mattina, quando devono rientrare al lavoro. (...)

(da *Top Salute*, dicembre/gennaio 1995)

a. Che conseguenze può avere lo stress sulla salute?
b. Quali sono le cause dello stress nei giovani?
c. E negli adulti?

TEST

E VOI QUANTO SIETE STRESSATI?

Date un punteggio alle seguenti situazioni: 3 quando vi capitano di frequente, 2 quando si presentano di rado, 1 se non corrispondono al vostro comportamento.

1. Al telefono e nelle conversazioni di lavoro vi distraete riempiendo i fogli con figure geometriche. ❑

2. La vostra scrivania e i vostri armadi sono sempre in ordine e se qualcosa è fuori posto lo notate subito. ❑

3. Dopo una discussione con i vostri colleghi o con il vostro partner avete mal di stomaco o mal di testa. ❑

4. Quando dovete spiegare qualcosa vi arrabbiate perché gli altri non capiscono al volo. ❑

5. Siete superefficienti mentre gli altri lavorano poco, male e lentamente. ❑

6. Non avete neanche un po' di tempo da dedicare a voi stessi. ❑

7. Dovete avere sempre qualcosa da fare, altrimenti non sapete come impiegare il vostro tempo. ❑

8. Anche quando siete rilassati muovete di continuo le gambe o le mani. ❑

9. In una discussione evitate di contraddire chi sta avendo la meglio. ❑

10. Vi capita spesso di non riuscire ad addormentarvi o di svegliarvi durante la notte. ❑

Dopo aver sommato i punti relativi alle varie domande, leggete qui le risposte.

10 punti. Anche se avete conosciuto momenti di tensione siete in grado di affrontarli e superarli con serenità. Possedete un filtro contro le tensioni quotidiane molto potente e, molto probabilmente, i vostri colleghi e gli amici vi considerano una persona equilibrata ed affidabile.

Da 11 a 20 punti. Pur essendo sottoposti a situazioni stressanti, avete ancora una capacità di filtro che vi permette di contrastare le piccole tensioni. Il vostro problema potrebbe però derivare dagli stress di grande portata e dalle tensioni continue. Potenziate le capacità di difesa con tecniche di rilassamento e con l'attività fisica.

Da 21 a 30 punti. Se già non accusate i primi sintomi di stress, ci siete molto vicini. Se ancora non lo avete fatto, cercatevi un hobby e trovate un po' di tempo da dedicare a voi stessi. Dovete assolutamente potenziare il vostro filtro di difesa dagli stress.

(da *Top Salute*, dicembre/gennaio 1995)

E ADESSO TOCCA A VOI!

a. E voi che sintomi avete quando siete stressati?
b. Che rimedi adottate quando vi sentite stressati?

19

TEST

I. Completate con i verbi al tempo e al modo opportuni.

a. Non vorrei che l'anno prossimo mio figlio (ammalarsi) ______________ di nuovo.

b. Sei sicura che il tuo medico (essere) __________ bravo?

c. Ho bisogno di una medicina che mi (fare) __________ guarire.

d. Se la cura non (dovere) ______________ funzionare, vorrà dire che seguirò i tuoi consigli.

e. Per la cura ho speso un sacco di soldi, perché non è che il mio medico mi (curare) ______________ gratis.

II. Completate le frasi con le preposizioni.

a. Giulia è allergica ______ polvere.

b. Maria soffre ______ mal ______ stomaco e deve mangiare ______ bianco.

c. Le allergie spesso si curano ______ il cortisone.

d. Molte persone oggi si affidano ______ terapie dolci.

e. Ho bisogno ______ un bravo dentista.

f. Alcuni medici vanno avanti ______ tentativi.

g. Lei deve seguire una dieta ______ ferro.

h. Può bere qualche bicchiere di vino, ma solo ______ quando ______ quando.

LEZIONE 13

Se me l'avessi detto prima...

1

QUESTIONARIO

Guido è seduto davanti al televisore aspettando che la partita cominci e Cristina, sua moglie, si siede accanto a lui.

a. Che cosa vuole dire Cristina a Guido?

____

b. Che cosa deve fare Guido dopodomani?

____

c. Che cosa rimprovera lei a lui?

____

d. Che cosa rimprovera lui a lei?

____

e. Che cosa promette Guido a Cristina?

____

2 17

② DIALOGO

▲ Mi dispiace, me l'hai detto troppo tardi, cara.
■ Come troppo tardi?
▲ Se me l'avessi detto prima ...
■ Come se te l'avessi detto prima? Se te l'avessi detto prima, non sarebbe cambiato proprio nulla, perché ti saresti visto lo stesso questa maledetta partita.

Se te l'**avessi detto** prima, non **sarebbe cambiato** proprio nulla.

ESERCIZIO

Fate dei dialoghi secondo il modello.

> Mi dispiace, me l'hai detto troppo tardi.
>
> △ Mi dispiace, *me l'hai detto* troppo tardi. Se *me l'avessi detto* «prima» nella riga seguente?
>
> □ Se *te le avessi detto* prima, non sarebbe cambiato proprio nulla!

a. Mi dispiace, mi hai chiamato troppo tardi.
b. Mi dispiace, ci hai pensato troppo tardi.
c. Mi dispiace, mi hai telefonato troppo tardi.
d. Mi dispiace, sei venuto troppo tardi.
e. Mi dispiace, ti sei fatto sentire troppo tardi.
f. Mi dispiace, te ne sei ricordato troppo tardi.

4 ESERCIZIO

Formate delle coppie. Prendendo spunto dai seguenti avvenimenti storici (o da altri a vostra scelta) ponetevi vicendevolmente delle domande e rispondete secondo l'esempio.

> 753 a. C. Romolo fonda Roma
>
> □ Che cosa sarebbe successo se Romolo non avesse fondato Roma?
>
> ○ In nessuna parte del mondo si parlerebbe una lingua neolatina.

44 a.C.	Bruto e Cassio uccidono Giulio Cesare
1066	I Normanni conquistano l'Inghilterra
1492	Cristoforo Colombo scopre l'America
1789	Inizia la Rivoluzione Francese
1871	Antonio Meucci inventa il telefono
1879	Edison inventa la lampadina elettrica
1895	I fratelli Lumière inventano il cinema
1928	Alexander Fleming scopre la penicillina
1989	Cade il muro di Berlino

5

LETTURA

Anche questo racconto è tratto da *Navi in bottiglia* di Gabriele Romagnoli. Marco Tardelli, mezz'ala della Juventus e della Nazionale Italiana di calcio, segnò il secondo gol nella finale della Coppa del Mondo in Spagna nel 1982 contro la Nazionale Tedesca. La partita finì 3–1 per l'Italia.

Non fermate Tardelli

Sono rimasti solo loro due nello spogliatoio. L'ala destra slaccia e riallaccia le scarpe. Batte i tacchetti sul pavimento. L'ala sinistra tiene la testa rovesciata all'indietro, gli occhi chiusi, le mani aggrappate a due attaccapanni. L'ala destra è pronta, accenna ad alzarsi. L'ala sinistra parla, senza muoversi: «E se non lo fermavano?».

«Chi? Se non fermavano chi?»

«Tardelli. Se non fermavano Tardelli dopo che aveva segnato il gol del due a zero alla Germania nella finale dei Mondiali di Spagna. Sai quella scena che hanno fatto vedere mille volte in tv: lui che corre urlando, i pugni chiusi, le gambe a mille, la faccia da pazzo ...»

«Sì, e allora?»

«Poi arrivano gli altri, i compagni, e lo tirano giù. Ma se non lo avessero fatto? Se non avessero fermato Tardelli?»

«Be'? Cosa sarebbe successo?»

«Ecco» l'ala sinistra apre gli occhi. «Se avesse continuato a correre con quell'orgasmo dentro, se fosse uscito dallo stadio, urlando, e la gente dietro, e via, con tutta la forza del mondo, senza più fermarsi, milioni di persone dietro con uno che ha vinto, con la voglia di vincere ancora. Ecco, se non avessero tirato giù Tardelli sarebbe cambiato il mondo?»

L'ala destra lo guarda, scuote il capo: «Non cambiava niente, cadeva da solo sulla linea di fondo. Un calciatore è un calciatore, non esce dal campo. E nessuno gli andrebbe dietro». «No? Be' se oggi segno il gol della vittoria, tu non provare a fermarmi.»

L'ala destra gli si avvicina, gli mette una mano sul gomito. «Nessun gol della vittoria, Tardelli, questa partita è venduta. Venduta a perdere.»

a. Dove e quando si svolge la conversazione fra l'ala destra e l'ala sinistra?

b. Che cosa spera di fare l'ala sinistra?

c. Perché il suo è un desiderio impossibile?

6

ESERCIZIO

Nel racconto di Romagnoli viene usata una forma colloquiale per semplificare la forma ipotetica che già conoscete (se + trapassato congiuntivo + condizionale passato). Cercatene i tre esempi e trasformateli nella forma non colloquiale.

7

E ADESSO TOCCA A VOI!

a. Vi piace il calcio o vi dà fastidio la partecipazione e l'entusiasmo che genera in molte persone?
b. Vi siete mai entusiasmati per una partita di calcio o per qualche altro avvenimento sportivo?
c. Qual è il vostro sport preferito? Lo praticate o lo seguite soltanto da spettatori?

2 18

8

DETTATO

■ ____ ______________ che tu non voglia mai fare __________ _____ _____ ?

▲ Io? Senti chi parla!

■ ________ ?

▲ Ma ________ tu alla festa di mamma ____ _____ ____________ ?

■ E dagli!

▲ Ah, lo vedi?

■ Eh, 'sta festa ____ ____________ !

▲ Con una differenza: che io ________ ________ di Francesca _____ ____ _________ .

■ ____ ____ __________ della ________ ____ ____________ sì!

▲ Sì. E io benché te l'avessi detto e ripetuto, benché tu lo sapessi perfettamente, _____ ____________ ____________ a quel convegno.

■ ____ ____________ ! Era indispensabile _____ ____ ____________ a quel congresso!

▲ Macché indispensabile, figurati!

SOCIETA' DI LINGUISTICA
ITALIANA
S.L.I.

XXVI CONGRESSO INTERNAZIONALE
DI STUDI

Italiano: lingua seconda, lingua straniera

Siena, 5-6-7 novembre 1992

UNIVERSITA' PER STRANIERI
DI SIENA

AIPI

Associazione Internazionale Professori d'Italiano

XI CONGRESSO
LIBRO E MASS MEDIA:
LINGUA E LETTERATURA

PERUGIA
Villa "La Colombella" - Centro Studi
dell'Università per Stranieri
25/27 agosto 1994

Benché lo **sapessi** perfettamente,
Benché te lo **avessi detto**,

hai preferito andare al convegno.

ESERCIZIO

Trasformate le frasi secondo il modello.

> *Ti avevo detto* che era il compleanno di mamma, *ma* tu sei voluta andare a quel convegno.
>
> *Benché ti avessi detto* che era il compleanno di mamma, tu sei voluta andare a quel convegno.

a. Ti avevo pregato di non fare rumore, ma tu hai dovuto per forza fare le pulizie.

Benché ti avessi pregato ____________________

____

b. Ti avevo chiesto di essere gentile con lui, ma tu non hai voluto neanche rivolgergli la parola.

Benché ti avessi chiesto ____________________

____

c. Le avevo raccomandato di finire quel lavoro, ma Lei non è voluta rimanere oltre l'orario di lavoro.

Benché le avessi raccomandato ____________________

____

d. Lei sapeva quanto era importante la Sua presenza, ma ha preferito andarsene in ferie.

Benché Lei sapessi ____________________

____

e. Voi eravate a conoscenza dell'importanza della riunione, ma avete preferito restarvene a casa.

Benché voi aveste ____________________

____

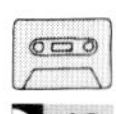
2 19

DIALOGO

▲ Guarda, facciamo una cosa: tu a teatro ci vai con una tua amica.
■ Ecco, bene. Che sarà anche molto più piacevole!
▲ Oh, bene. Io, che sono un uomo generoso, vi ci accompagno in macchina, però ve ne tornate a casa in taxi perché io vado a vedermi la partita ...
■ ... da Sergio!
▲ Esatto! Anzi, adesso la partita comincia, quindi per favore lasciami tranquillo.
■ Va bene, guarda, buon divertimento!

Ti accompagno io **a teatro**.	→	**Ti ci** accompagno io.
Vi accompagno io **a teatro**.	→	**Vi ci** accompagno io.
Mi accompagna Mario **a teatro**.	→	**Mi ci** accompagna Mario.
Ci accompagna Roberto **a teatro**	→	**Ci** accompagna Roberto.
Accompagno io **Massimo a teatro**.	→	**Ce lo** accompagno io.
Accompagno io i **tuoi genitori a teatro**.	→	**Ce li** accompagno io.

11

ESERCIZIO

Rispondete secondo il modello.

□ Chi mi accompagna a teatro?
△ *Ti ci accompagno* io.

a. □ Chi porta il bambino a scuola?
△ ____________ io.

b. □ Chi mi porta alla stazione?
△ ____________ Marco.

c. □ Chi ti accompagna allo stadio?
△ ____________ Luigi.

d. □ Chi porta i bambini allo zoo?
△ ____________ mia sorella.

e. □ Chi ci accompagna all'università?
△ ____________ noi.

f. □ Chi vi porta all'aeroporto?
△ ____________ Riccardo.

(12) ESERCIZIO

Cercate nell'ultimo dialogo e nel dettato le seguenti espressioni.
Come direste nella vostra lingua?
Scrivetelo qui sotto.

○ ecco bene! ______________________________

○ figurati! ______________________________

○ e dagli! ______________________________

○ senti chi parla! ______________________________

(13) ESERCIZIO

Inserite adesso le espressioni nei seguenti dialoghi.

a. ○ Io lavoro dalla mattina alla sera.
□ Macché dalla mattina alla sera! ____________________

b. ○ Sai che faccio? Io ritorno da mia madre!
□ ____________________ Così finalmente starò più tranquillo.

c. ○ Perché non hai voluto invitare anche mio fratello?
□ ____________________ È la quarta volta che me lo ripeti!

d. ○ Come fai a passare tante ore al telefono?!
□ ____________________ L'ultima volta che ha chiamato Sergio avete parlato almeno per due ore.

E ADESSO TOCCA A VOI!

A Lei è Antonio/Antonietta. Sta partendo per le vacanze insieme al Suo amico Lorenzo/alla Sua amica Lorenza con la macchina di quest'ultimo/-a. La macchina però non vuole saperne di partire. Ieri pomeriggio (un venerdì) quando siete andati a fare benzina, la macchina faceva uno strano rumore. Lei voleva farla vedere da un meccanico, ma Lorenzo/Lorenza ha detto che la macchina era a posto. Non è la prima volta che il Suo amico/la Sua amica non vuole seguire il Suo consiglio e tutte le volte vi siete poi trovati nei guai. Oggi e domani i meccanici sono chiusi. Chissà quando potrete partire!

B Lei è Lorenzo/Lorenza. Insieme al Suo amico Antonio/alla Sua amica Antonietta sta partendo con la Sua macchina per le vacanze. La macchina però non vuole saperne di partire. Già ieri faceva uno strano rumore, ma Lei non ci ha fatto troppo caso perché due settimane prima il meccanico Le aveva assicurato che tutto era a posto. Adesso chissà quante storie farà Antonio/Antonietta che Le rimprovera sempre di essere superficiale.

15

LETTURA

Carlo Goldoni (Venezia 1707 – Parigi 1793) è il più grande autore italiano di teatro del XVIII secolo. Le sue commedie vengono rappresentate ancora oggi in Italia e all'estero. Una delle più famose è *La locandiera*, in cui la protagonista, Mirandolina, di cui tutti i clienti si innamorano, si diverte a sedurre il Cavaliere di Ripafratta che si dichiara nemico delle donne.

DA LA LOCANDIERA, ATTO PRIMO, SCENA IX

Uh, che mai ha detto! L'eccellentissimo signor Marchese Arsura mi sposerebbe? Eppure, se mi volesse sposare, vi sarebbe una piccola difficoltà. Io non lo vorrei. Mi piace l'arrosto, e del fumo non so che farne. Se avessi sposati tutti quelli che hanno detto di volermi, oh avrei pure tanti mariti! Quanti arrivano a questa locanda, tutti di me s'innamorano, tutti mi fanno i cascamorti; e tanti mi esibiscono di sposarmi addirittura. E questo signor Cavaliere, rustico come un orso, mi tratta sì bruscamente? Questi è il primo forestiere capitato alla mia locanda, il quale non abbia avuto piacere di trattare con me. Non dico che tutti in un salto s'abbiano a innamorare; ma disprezzarmi così? è una cosa che mi muove la bile terribilmente. È nemico delle donne? Non le può vedere? Povero pazzo! Non avrà ancor trovato quella che sappia fare. Ma la troverà. La troverà. E chi sa che non l'abbia trovata? Con questi per l'appunto mi ci metto di picca. Quei che mi corrono dietro, presto m'annoiano. La nobiltà non fa per me. La ricchezza la stimo e non la stimo. Tutto il mio piacere consiste in vedermi servita, vagheggiata, adorata. Questa è la mia debolezza, e questa è la debolezza di quasi tutte le donne. A maritarmi non ci penso nemmeno; non ho bisogno di nessuno; vivo onestamente, e godo la mia libertà. Tratto con tutti, ma non m'innamoro di nessuno. Voglio burlarmi di tante caricature d'amanti spasimanti; e voglio usar tutta l'arte per vincere, abbattere e conquassare quei cuori barbari e duri che son nemici di noi, che siamo la miglior cosa che abbia prodotto al mondo la bella madre natura.

a. «Mi piace l'arrosto, ma del fumo non so che farne.»
Che cosa significano secondo voi queste parole?

b. Che tipo è Mirandolina? Come ve la immaginate?

16 **ESERCIZIO**

Che rapporto hanno con la televisione le persone intervistate? Ascoltate le loro risposte e indicate chi ...

	Gabriella	Virgilio	Luciana	Daniela
a. non ha il televisore.	○	○	○	○
b. sostiene che la TV non è il demonio.	○	○	○	○
c. ha il televisore ma potrebbe farne benissimo a meno.	○	○	○	○
d. quando i figli guardano un programma non adatto a loro, spegne il televisore.	○	○	○	○
e. al telegiornale preferisce la lettura di un quotidiano.	○	○	○	○
f. sostiene che la TV fa male a tutti.	○	○	○	○
g. guarda abbastanza la TV ma senza esagerare.	○	○	○	○
h. preferisce vedere un film al cinema piuttosto che in televisione.	○	○	○	○

17 **E ADESSO TOCCA A VOI!**

Qual è il vostro rapporto con la televisione? Quando e quanto la guardate? Quali trasmissioni guardate di solito? Quali solo talvolta? Quali non potete soffrire?

TEST

I. Coniugate i verbi alla forma opportuna.

a. Se avessi fatto riparare la macchina, (noi-potere) ______________ ______________ partire già ieri.

b. Ti avrei scritto, se tu mi (lasciare) __________ ______________ il tuo indirizzo.

c. Se non (esserci) ______________ sciopero degli autobus, stamattina non arrivavo in ritardo.

d. Se (sapere) __________ ____________ che in questo ristorante si mangiava così male, non ci sarei mai entrato.

II. Trasformate le frasi usando *benché* invece di *anche se*.

a. Anche se ti avevo chiesto di non dire niente a nessuno, tu hai dovuto raccontare tutto a Mario.

b. È un bel film, anche se in alcuni punti è un po' lento.

c. Anche se mi ha visto, non mi ha salutato.

d. È stata una bella vacanza, anche se il tempo non è stato sempre bello.

III. Completate le frasi con i pronomi necessari.

a. Devi andare a scuola? Se aspetti cinque minuti ________ porto io.

b. La mamma deve andare dal medico. Se ________ accompagni tu, mi fai un favore.

c. Dobbiamo andare all'aeroporto. ________ porti tu? Il taxi è troppo caro.

d. Andate in centro? Salite in macchina, ________ porto io.

LEZIONE 14 Ma è roba da matti!

1 LETTURA

Perugia, alla fine denunciati tre passeggeri

Fumano nel vagone e il treno si ferma

PERUGIA – Troppe sigarette nello scompartimento dove è vietato fumare, tre passeggeri indisciplinati che non ascoltano i richiami del controllore, il capotreno che blocca il convoglio e non lo fa ripartire fin quando arriva la polizia e porta via i passeggeri che hanno preso a insultare i ferrovieri. Ci vogliono un ritardo di quasi 20 minuti, il mugugno di un centinaio di pendolari e tre denunce per interruzione di pubblico servizio per far riprendere la marcia al regionale 12125 diretto a Foligno. È successo mentre il treno locale delle Ferrovie dello Stato, che collega Terontola a Foligno, era a metà del suo tragitto, all'altezza di Ellera Scalo. I treni classificati come «regionali» non hanno scompartimenti riservati ai fumatori e il divieto vale per tutto il convoglio. Tre muratori

che hanno preso posto in uno dei vagoni dopo una decina di minuti di viaggio non resistono e accendono la prima sigaretta. Il controllore li vede e li invita a smettere. Ripassa dopo un po' e li ritrova che ancora sbuffano fumo. «Lasciateci fare, non disturbiamo nessuno», avrebbero detto. «È la legge e la devo far rispettare». I tre fanno finta di non sentire. La discussione si accende, interviene anche il capotreno che mette mano al registro delle multe. Succede il parapiglia e così, quando il treno si ferma alla stazione di Ponte San Giovanni, periferia di Perugia, il capotreno denuncia tutto al capostazione. «Se quei tre non scendono, il treno resta fermo qui», dice convinto il capotreno. Arrivano gli uomini della Polfer che accompagnano i tre muratori in questura. Per loro i guai saranno ben più gravi che non una multa: dovranno rispondere di interruzione di pubblico servizio (il treno è rimasto fermo fino alle 20. 01) e minacce.

(da *la Repubblica*, 24 giugno 1994)

È vero?

	sì	no
a. I tre muratori fumavano in uno scompartimento riservato ai non fumatori.	❑	❑
b. Durante la discussione con il controllore è intervenuto anche il capostazione.	❑	❑
c. I tre muratori non se la caveranno con una semplice multa.	❑	❑

2 E ADESSO TOCCA A VOI!

Vi sembra esagerato il comportamento del capotreno?
Sareste stati anche voi così severi o avreste chiuso un occhio?
Secondo voi fumare nei mezzi e nei locali pubblici dovrebbe essere vietato o consentito?

3 QUESTIONARIO

Fabrizio racconta a Francesca quello che gli è successo.
Ascoltate il dialogo e mettete le vignette in ordine cronologico.

1

2

3

4

5

6

7

E ADESSO TOCCA A VOI!

Come vi sareste comportati al posto di Fabrizio?

2 23

DIALOGO

● Oh, scusa eh, scusa il ritardo. Mi dispiace.
■ Ah, Fabrizio, ciao. Ma che faccia che hai!
● E per forza! Ho appena fatto una litigata con uno qui in mezzo alla strada.
■ Hai litigato?!
● Sì, con un cretino! Guarda, c'è mancato poco che gli mettessi le mani addosso.
■ Addirittura!
● Eh, sì.

ESERCIZIO

Fate dei dialoghi secondo il modello.

> litigare con uno – con un cretino – mettergli le mani addosso
>
> □ Che faccia che hai!
> ○ Per forza *ho* appena *litigato con uno.*
> □ *Hai litigato*?!
> ○ Sì, *con un cretino*. C'è mancato poco che *gli mettessi le mani addosso.*

a. avere un incidente – con la macchina – andare contro un albero
b. cadere – per le scale – rompermi una gamba
c. essere assalito da un cane – nel parco – quella bestiaccia riuscire a mordermi
d. cadere con la bicicletta – sulle rotaie del tram – finire sotto una macchina
e. prendere la scossa – con il fon – restarci secco
f. scivolare – nella vasca da bagno – battere la testa

7 DIALOGO

- Io gli ho chiesto se gli sembrava quello il modo di parcheggiare.
- Certo.
- E lui mi ha risposto che aveva girato tanto e che non aveva trovato posto e che lui, insomma, la macchina da qualche parte la doveva lasciare. Hai capito?
- Ma è roba da matti, guarda!
- E poi io gli ho chiesto: «Ma scusi, il clacson non l'ha sentito? Son dieci minuti che lo suono.» E lui m'ha risposto che sì, che l'aveva sentito, ma che non poteva liberarsi. E che poi, insomma, non era colpa sua se a Roma uno non può più girare con la macchina.

Gli ho chiesto: «**Le sembra questo** il modo di parcheggiare?»

Gli ho chiesto **se gli** | **sembrava** / **sembrasse** | **quello** il modo di parcheggiare.

8 ESERCIZIO

Trasformate al discorso indiretto le seguenti frasi.

a. Gli ho chiesto: «È Sua questa macchina?»

____

b. Le ho domandato: «Si mangia bene in questo ristorante?»

____

c. Gli ho domandato: «Ti sembra questo il modo di comportarti?»

____

d. Le ho chiesto: «Vuoi partire con tutte queste valigie?»

____

e. Ho chiesto loro: «È questo l'autobus per Tivoli?»

____

Mi ha risposto: «**Ho girato** tanto ma non **ho trovato** posto.
Io insomma la macchina da qualche parte la **dovevo** lasciare.»

Mi ha risposto **che aveva girato** tanto ma che non **aveva trovato** posto e che **lui** insomma la macchina da qualche parte la **doveva** lasciare.

9

ESERCIZIO

Trasformate al discorso indiretto le seguenti frasi.

a. Mi ha detto: «Ho mangiato bene, ma ho speso un patrimonio.»

che aveva mangiato ... aveva speso

b. Mi ha risposto: «Ho comprato il pane, ma ho dimenticato di comprare il vino.»

che aveva comprato ... aveva dimenticato ...

c. Mi ha confermato: «Sono passato da Mario, ma Giorgio non c'era.»

che era passato . non c'era / non c'era stato

d. Mi ha detto: «Sono arrivato in ritardo perché c'era traffico.»

che era arrivato ... c'era traffico / c'era stato traffico

e. Mi ha assicurato: «Ho ricevuto la conferma della prenotazione.»

che aveva ricevuto ...

f. Mi ha risposto: «Mi dispiace, ma non ho sentito il clacson.»

che gli dispiaceva ma non aveva sentito ...

«Ma scusi, il clacson non **l'ha sentito**? **Son** dieci minuti che lo **suono**.»

E poi io gli ho chiesto **se** non **aveva (avesse) sentito** il clacson, perché **erano** dieci minuti che lo **suonavo**.

«Sì, **l'ho sentito**, ma mica **potevo** liberarmi. E poi, insomma, non **è** colpa **mia** se a Roma uno non **può** più **girare** con la macchina.»

E lui m'ha risposto che sì, che **l'aveva sentito**, ma che non **poteva** liberarsi. E che poi, insomma, non **era** colpa **sua** se a Roma uno non **può** più **girare** con la macchina.

ESERCIZIO

Trasformate al discorso indiretto le seguenti frasi.

a. Signora Bianchi, ha fatto le fotocopie? È più di un'ora che aspetto di averle.

Ho chiesto alla signora Bianchi ...

b. Ti sei ricordato di fare la spesa? Non abbiamo più niente in frigorifero.

Gli ho chiesto ...

c. Hai cambiato i soldi? Io non ho che pochi scellini in tasca.

Le ho chiesto ...

d. Signor Conti, ha preso Lei la lettera dell'avvocato? Non riesco più a trovarla.

Ho chiesto al signor Conti ...

e. Quando sei tornata dalle vacanze? Ti ho chiamata tutto il fine settimana.

Le ho chiesto ...

11

ESERCIZIO

Trasformate i dialoghi alla forma indiretta e le frasi alla forma indiretta in dialogo.

a. ○ Non ne posso più di questo tempo. □ Ha ragione, ma mica è colpa mia se in Inghilterra piove in tutte le stagioni.	Gli ho detto ____________________ ____________________ e lui mi ha risposto ____________________ ____________________ ____________________ ____________________
b. ○ ____________________ ____________________ ____________________ □ ____________________ ____________________ ____________________ ____________________	Ha detto che aveva letto quel libro ma che non gli era piaciuto per niente. E io gli ho risposto che invece a me era piaciuto moltissimo e che è normale che due persone abbiano gusti diversi.
c. ○ Non riesco a capire come quel ciarlatano possa avere tanto successo. □ Eh, purtroppo alla maggior parte della gente i ciarlatani piacciono.	Gli ho detto____________________ ____________________ ____________________ e lui mi ha risposto____________________ ____________________ ____________________
d. ○ ____________________ ____________________ ____________________ □ ____________________ ____________________ ____________________	Mi ha detto che la notte non dormiva più perché suo figlio non faceva che piangere ed io gli ho risposto che doveva aver pazienza perché tutti i bambini la notte piangono.

12

LETTURA

CIASCUNO PAGHI PER LA SUA PARTE

Evviva, finalmente verranno multati i proprietari dei cani che sporcano i marciapiedi. Ma non credano i sostenitori di questa iniziativa di aver risolto i problemi di degrado della nostra città. Dovremmo multare allo stesso modo anche coloro che buttano a terra tutto ciò che non serve, che sputano, che fanno pipì contro i muri, che rompono le panchine, i telefoni pubblici, che scrivono sui muri, che seminano siringhe. E non dimentichiamo la pubblica amministrazione, che lascia crescere sui marciapiedi folti boschetti fatti di erbacce e di sterpi. (Lettera al *Corriere della Sera*)

Dieci regole d'oro per un comportamento educato.

1. Non gridare in pubblico.
2. Non sporcare l'ambiente.
3. Non spingere o malmenare il prossimo.
4. Non fare gestacci o boccacce.
5. Non strombazzare il clacson e non disturbare con le moto.
6. Non fumare senza consenso.
7. Non arrivare in ritardo.
8. Non ignorare le richieste.
9. Non disturbare col cellulare.
10. Non trascurare di salutare, dire «grazie» e chiedere «per piacere».

13

E ADESSO TOCCA A VOI!

a. Quale altro comportamento incivile citereste ancora nella lettera? Come punireste chi si comporta nei modi incivili descritti nella lettera?

b. Quali comportamenti, fra quelli che il decalogo dice di evitare, vi danno più fastidio?

DETTATO

■ Che mondo! C'è un'arroganza!

● Eh sì.

■ Una cosa pazzesca!

● Sì, _____ _____ _____ _____________ a quel __________ che avevo a che fare con un maleducato e ____ _____________ che non __________ ____ _________ stare a _______________. Gli ho fatto presente quanto fosse maleducato e __________________ _____ ____ ________ che _____ ________ fortunato ad aver incontrato _____ _____________ educata ________ _____ , perché, se avesse incontrato un maleducato ________ _____, __________________ non se la sarebbe cavata _________ a buon mercato.

■ E ________!

● Poi sai, ___ ____ ________ _________ c'era anche da ridere, __________ nel frattempo s'era radunata ____ __________.

■ Chiaro!

● E ____________________ ____________ _____________ a me. C'era addirittura chi __________ che avrei dovuto graffiargli la macchina.

■ E se lo sarebbe ________ meritato!

15

ESERCIZIO

Ritornate al Questionario e confrontate le frasi alla forma diretta con quelle elencate qui sotto. Che cosa cambia? Che cosa resta invariato?

a. Gli ho fatto presente quanto fosse maleducato.
b. Gli ho detto che era stato fortunato ad aver incontrato una persona educata come me.
c. Gli ho detto che se avesse incontrato un maleducato come lui, certamente non se la sarebbe cavata così a buon mercato.
d. C'era addirittura chi diceva che avrei dovuto graffiargli la macchina.

16

ESERCIZIO

Cercate nei dialoghi e nel dettato le seguenti espressioni.
Come direste nella vostra lingua?
Scrivetelo qui sotto.

○ è roba da matti! ______________________

○ addirittura! ______________________

○ per forza! ______________________

○ chiaro! ______________________

ESERCIZIO

Inserite adesso le espressioni nei dialoghi.

a. □ Paolo non era mai carino con Sandra e lei alla fine lo ha lasciato.

○ ______________________

b. □ Ieri sera Giuliano ha bevuto talmente tanto che non riusciva neanche a stare in piedi.

○ ______________________

c. □ Io le ho offerto aiuto e lei s'è offesa.

○ ______________________

d. □ Sei venuto a piedi?

○ ______________________ Autobus e taxi sono in sciopero.

18 E ADESSO TOCCA A VOI!

Vi è mai capitato di arrabbiarvi per un comportamento poco educato di altre persone? Parlatene con un compagno.

19 ESERCIZIO

Riprendente l'articolo a pag. 178 e trascrivete le frasi dette dai muratori e dal capotreno.
Che cosa cambia passando dal discorso diretto a quello indiretto?

______________________________ ______________________________ ______________________________	I muratori hanno detto di lasciarli fare perché non disturbavano nessuno.
______________________________ ______________________________ ______________________________	Il capotreno ha risposto che era la legge e che la doveva far rispettare.
______________________________ ______________________________ ______________________________ ______________________________	Il capotreno ha detto al capostazione che se quei tre non fossero scesi, il treno sarebbe restato fermo lì.

20

LETTURA

Il seguente brano è tratto da *Il Gattopardo* (1958) di Giuseppe Tomasi di Lampedusa (Palermo 1896 – Roma 1957).
In questa pagina Concetta, figlia del Principe di Lampedusa, innamorata del cugino Tancredi, durante una cena si scopre gelosa di Angelica, figlia del sindaco di Donnafugata.

Tutti erano tranquilli e contenti. Tutti, tranne Concetta. Essa aveva sì abbracciato e baciato Angelica, aveva anche respinto il «lei» che quella le dava e preteso il «tu» della loro infanzia ma lì, sotto il corpetto azzurro pallido, il cuore le veniva attanagliato; (...) Tancredi sedeva fra lei ed Angelica e con la compitezza puntigliosa di chi si sente in colpa divideva equamente sguardi, complimenti e facezie fra le sue due vicine; ma Concetta sentiva, animalescamente sentiva, la corrente di desiderio che scorreva dal cugino verso l'intrusa, (...) Poiché era donna si aggrappava ai particolari: notava la grazia volgare del mignolo destro di Angelica levato in alto mentre la mano teneva il bicchiere; notava un neo rossastro sulla pelle del collo, notava il tentativo represso a metà di togliere con la mano un pezzetto di cibo rimasto fra i denti bianchissimi; notava ancor più vivacemente una certa durezza di spirito; ed a questi particolari che in realtà erano insignificanti perché bruciati dal fascino sensuale si aggrappava fiduciosa e disperata come un muratore precipitato si aggrappa a una grondaia di piombo; sperava che Tancredi li notasse anch'egli e si disgustasse dinanzi a queste tracce palesi della differenza di educazione. Ma Tancredi li aveva di già notati e ahimé! senza alcun risultato.

21 E ADESSO TOCCA A VOI!

a. Una buona educazione si riconosce anche dai dettagli, da quelle regole cioè che a prima vista possono sembrare pura forma. Conoscete queste regole? Scopritelo con il seguente test.
Le lettere che si riferiscono alla risposta esatta, lette nell'ordine, daranno il cognome di uno scrittore di nome Giovanni, che fra il 1551 e il 1555 scrisse un famoso Galateo.

1. Chi deve essere presentato per primo, l'uomo alla donna (D) o la donna all'uomo (M)?
2. Chi deve essere presentato per primo, il giovane all'anziano (E) o l'anziano al giovane (A)?
3. Alzare il bicchiere verso chi sta versando il vino è segno di buona (R) o di cattiva educazione (L)?
4. Chi deve entrare per primo in un ristorante, l'uomo (L) o la donna (T)?
5. Chi deve uscire per primo da un ristorante, l'uomo (I) o la donna (A)?
6. Una persona educata mangiando gli spaghetti si aiuta con il cucchiaio (N) o no ( )?
7. Mettersi il tovagliolo al collo per evitare di macchiarsi la camicia è accettato dal galateo ( ) o no (C)?
8. È ammesso (E) o non è ammesso (A) che una donna usi lo stuzzicadenti a tavola?
9. Quando si salgono le scale è l'uomo che precede la donna (L) o viceversa (S)?
10. Quando si scendono le scale è la donna che precede l'uomo (I) o viceversa (A)?

b. Vi sembrano logiche queste regole? Trovate che qualcuna sia antiquata?

c. Provate a scrivere adesso 10 regole di comportamento da osservare in classe.

(22)

TEST

Trasformate alla forma indiretta le seguenti frasi.

a. «Le sembra questo il modo di rispondere?»

Mi ha domandato ______________________________

b. «Ti ho telefonato tutto il giorno, ma tu non eri a casa.»

Gli ho detto ______________________________

c. «Mi dispiace, ma non capisco l'inglese. Non l'ho studiato a scuola.»

Mi ha risposto ______________________________

d. «Il tedesco è una lingua difficile.»

Si è giustificato dicendo ______________________________

e. «Se il tempo è bello facciamo un giro in bicicletta.»

Mi hanno risposto ______________________________

f. «Avresti dovuto studiare di più.»

Le ho detto ______________________________

g. «Accompagnami alla stazione.»

Mi ha pregato ______________________________

h. «Telefoni al meccanico e gli chieda se la macchina è pronta.»

Gli ho detto ______________________________

i. «Quest'estate faremmo un bel viaggio, se avessimo i soldi.»

Ci hanno detto ______________________________

Come si dice computer in italiano?

1 LETTURA

L'italiano lingua straniera

Non v'è oggi chi non pronunci o, peggio, scriva parole straniere per sfoggiare conoscenza di lingue di cui spesso ha solo un'infarinatura. Se abbiamo il vocabolo italiano, perché ricorrere allo straniero?

Non siamo ormai presenti alla riunione, ma al 'meeting'; non facciamo acquisti ma 'shopping', passando da una 'boutique', negozio, alla sala esposizione, 'show-room', sita 'vis-à-vis', cioè dirimpetto; non coltiviamo un sentimento, ma stabiliamo un 'feeling'; siamo 'single' e non scapoli, nubili, divorziati, separati, qualche volta conviventi col 'partner', amico-amica; non trascorriamo la fine settimana ma il 'week-end', facendo una scampagnata, anzi un 'picnic', non in bicicletta ma su un 'mountain bike', magari nell'entroterra, meglio, nello 'hinterland' milanese; non paghiamo il tagliando o la quota (non sia detto!): paghiamo il 'ticket' (vorrei tanto conoscere l'esimio impagabile superburocrate che ci ha imposto il termine inglese); sin da bimbi abbiamo diritto non più alla bambinaia ma alla 'baby sitter' e, cresciuti, non saremo dirigenti bensì 'manager' con problemi aziendali di ricambio, mi scuso, di 'turnover'; per essere ricevuti da un personaggio (vip) non ci basterà un semplice permesso, ma dovremo procurarci un 'pass'; se poi partecipiamo ad uno 'stage', cioè soggiorno di studio, fra un 'lunch', colazione, ed un 'dinner', cena, faremo un 'break', pausa, intervenendo ad un 'party', trattenimento, ricco di 'drinks', bevande.

Per partire in aereo, non ci presentiamo alla registrazione ma al 'check-in'; i nostri soldati in Somalia non hanno presidiato posti di blocco, ma 'check-points'; ieri i non professionisti erano semplicemente dilettanti, però oggi molti di questi ultimi preferiscono considerarsi 'amatori'. E potrei continuare all'infinito.

La colpevole tolleranza di molti insegnanti, così come il narcisismo di molti operatori dell'informazione stampata e televisiva, nonché infine la nostra pigrizia mentale, hanno causato la pedissequa ripetizione di parole dal significato talvolta travisato, l'ebete intercalare di 'cioè' e di 'niente' e quindi il dire o scrivere espressioni con evidenti pleonasmi quali, per esempio: «Da un po' di tempo *a questa parte*», «Buon giorno *a tutti* », «Vi informiamo, *con la presente*», «Oggi *come oggi*».

La lingua è viva in quanto si evolve senza frapporre ostacoli al nuovo, però non è detto che debba essere colonizzata.

Enzo D'Amico, Milano
(da *la Repubblica* 9/1/94)

2 ESERCIZIO

a. Unite i seguenti verbi ai loro significati.

a. sfoggiare	(r. 2)	1. falsare
b. trascorrere	(r. 13)	2. cambiare
c. travisare	(r. 42)	3. mostrare
d. evolversi	(r. 48)	4. passare

b. Unite le seguenti congiunzioni ai loro significati.

a. magari	(r. 16)	1. ma
b. bensì	(r. 22)	2. e anche
c. nonché	(r. 40)	3. perché
d. in quanto	(r. 48)	4. forse, possibilmente

3

E ADESSO TOCCA A VOI!

Scrivete alcuni termini stranieri dei quali, vi sembra, nella vostra lingua si abusi. Confrontate poi con un vostro compagno di corso motivando il vostro punto di vista.

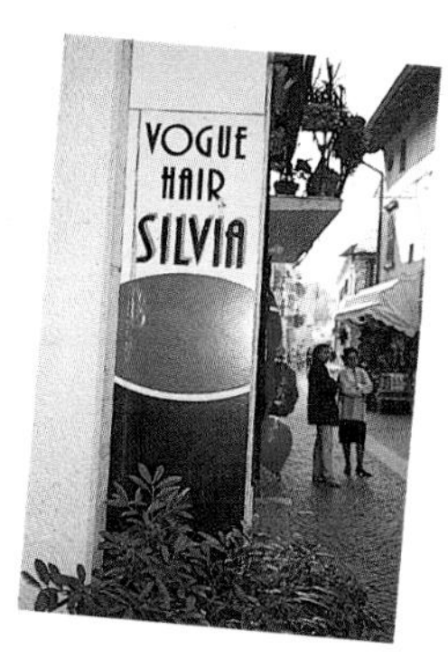

26

4

QUESTIONARIO

Tommaso e Luca discutono della presenza di parole straniere nell'italiano di oggi.

a. Perché secondo Luca i politici usano una lingua oscura?

____

b. Qual è secondo Luca il rischio che si corre usando in televisione dei termini stranieri?

____

c. Quali potrebbero essere secondo Luca i provvedimenti da adottare per impedire il dilagare di termini stranieri?

____

d. Perché secondo Tommaso la gente preferisce a certe parole italiane quelle straniere?

____

5 E ADESSO TOCCA A VOI!

Vi sentite più d'accordo con Luca o con Tommaso? Discutetene in classe.

6 ESERCIZIO

Sostituite le parole in corsivo con le seguenti.

zoom – autogrill – toast – cocktail – shampoo

a. Vorrei un *sapone per capelli.*

b. Buona questa *miscela di liquori vari*!

c. Un *panino imbottito fatto con due fettine abbrustolite* e un'aranciata, per favore.

d. Accidenti! Ho dimenticato l'*obiettivo che permette di avvicinare o di allontanare l'immagine*!

e. Sono stanco. Facciamo una sosta nella prossima *stazione di rifornimento e di ristoro su autostrada*?

2 27

7 DIALOGO

■ Senti, hai visto ieri sera in televisione la tribuna politica?
● Sì, l'ho vista.
■ Ma hai notato niente sul linguaggio che usavano?
● Beh, il linguaggio dei politici.
■ Sì, il linguaggio dei politici, però alla normale mancanza di chiarezza adesso s'aggiunge anche quest'uso indegno, indecoroso, bruttissimo oltretutto esteticamente ...
● Di che cosa?
■ Di parole ricavate e ricalcate sull'inglese.

8

ESERCIZIO

Alla domanda «Hai visto la tribuna politica?» Tommaso risponde: «Sì, l'ho vista.» Cosa avrebbe risposto a queste domande?

a. Hai sentito il discorso del ministro?
b. Ti sei accorto di quello che è successo ieri sera?
c. Ti sei reso conto di quello che vuole fare Mario?
d. Hai fatto caso a come era vestita Marina?
e. Hai pensato a invitare anche Paolo e Roberta?
f. Hai detto a Stefano che vorrei parlargli?
g. Hai parlato a Roberto del tuo progetto?

28

DETTATO

● Onestamente ____ __________ che __________ _____________ restano nella lingua __________ coprono uno spazio che ____ ________ _____________ non __________. Dire «vivo da solo» _____ ___ _____ __________ ________ che dire «sono single». __________ single è una scelta, __________ da solo _____ __________ anche _____ _______________ a cui uno è costretto.

■ ____ , allora «________ ____ ________ per scelta».

● ___ __________ __________!

■ Ma no!

● ___ __________ __________!

■ No, no, no.

● Va be', __________ , lasciamo perdere __________ non ti si convince. Non c'è niente da fare.

10 LETTURA

Pitagora e il burocratese

di Luciano De Crescenzo

Tutto cominciò con Pitagora nel VI secolo avanti Cristo. Un giorno l'illustre filosofo disse ai suoi discepoli: «Ragazzi, qua gli uomini si dividono in due categorie: i matematici, che poi saremmo noi, e gli acusmatici, che sarebbero tutti gli altri. I primi posseggono la conoscenza (màthema in greco) e sono per questo sempre rispettati, gli altri invece non contano nulla: devono solo sentire e basta. Ciò premesso, è bene che voi da oggi in poi non vi facciate più capire: ogni volta che siete in presenza di un estraneo, ovvero di un acusmatico, parlate per codici, usando parole incomprensibili, se non addirittura dei numeri. Solo così riuscirete a conservare il potere». I discepoli non se lo fecero dire due volte e s'inventarono ipso facto il primo linguaggio per addetti ai lavori. Si racconta infine che uno degli allievi, tale Ippaso, abbia tradito il maestro e si sia messo a divulgare i segreti della setta, per la cronaca i numeri irrazionali. Ebbene non fece molta strada: colpito dalle maledizioni di Pitagora, naufragò a poche miglia da Crotone, mentre cercava disperatamente di prendere il largo. Da quel giorno, nel mondo accademico, i divulgatori furono sempre considerati dei traditori della categoria, degni del massimo disprezzo. Dal linguaggio accademico, al burocratese il passo è breve: resosi conto che l'incomprensibilità conferisce potere, anche il burocrate si è adeguato. E cosa ha fatto? Si è inventato tutta una serie di neologismi atti a gettare il cittadino nel più nero sconforto.(...) Facciamo qualche esempio: all'aeroporto un volo non parte all'ora stabilita? L'altoparlante annunzia che l'inconveniente è da attribuire al ritardato arrivo dell'aeromobile. Bisognerebbe chiedere all'autore dell'annunzio, se lui, quando parte, è solito dire alla moglie che il giorno dopo ha l'aeromobile alle sette, o se si limita a dire, come tutti i comuni mortali, che ha l'aereo. Con ogni probabilità userà quest'ultima espressione, desiderando rifilare a noi, che non gli abbiamo fatto nulla di male, il termine aeromobile. A Napoli, quando ci fu il colera, il telegiornale, invece di dare la colpa alle cozze, la dette ai mitili, e i napoletani non sapendo bene cosa fossero i mitili, continuarono a mangiarsi le cozze. Sempre in tv, non ho mai sentito un solo medico pronunziare la parola febbre: dicono tutti temperatura corporea, ritenendo forse che febbre sia un sostantivo troppo volgare per essere usato da persone del loro livello. La febbre uno se la può misurare anche da solo, se chiama un dottore è perché vuole sentirsi dire almeno che ha la temperatura corporea: altrimenti che lo ha chiamato a fare? L'importante per il burocrate è non farsi capire: più il suo linguaggio sarà incomprensibile, e più aumenterà il suo prestigio. (...) Non c'è limite al sadismo del burocrate: di esempi ne potrei fare a centinaia. Il più significativo di tutti, però, resta quello di piazza di Spagna, a Roma. Scendendo dalla scala di Trinità dei Monti, subito sulla destra, fa bella mostra di sé un cartello del Comune con la scritta «Stazionamento per auto pubbliche a trazione ippica», in altre parole parcheggio per carrozzelle. Ebbene, io vorrei proprio conoscere l'autore di questa frase. Vorrei trascinarlo in tv, in un'ora di massimo ascolto, per poi chiedergli cosa trova di così turpe nella parola carrozzella e per dargli un calcio nelle zone retrostanti, volgarmente dette culo.

(da *la Repubblica*, 29/12/93)

a. Perché, secondo Pitagora, i matematici venivano rispettati?

b. In che modo i discepoli di Pitagora avrebbero potuto conservare il potere?

c. Di che cosa si rese colpevole Ippaso?

d. Perché i burocrati usano un linguaggio incomprensibile?

e. Quali esempi limite di termini burocratici fornisce De Crescenzo?

La gente vuole sentirsi dire che ha la temperatura corporea,

altrimenti il medico | che lo ha chiamato a fare?
perché lo ha chiamato?

(11)

ESERCIZIO

Completate le risposte secondo l'esempio.

> ○ Sai che faccio? Adesso lavo i vetri alle finestre.
> □ *Che li lavi a fare?*
> Non vedi che sta per piovere?

a. ○ Aspetta, prendo il pullover.
□ ______________________
Non fa mica freddo!

b. ○ Prendiamo la macchina per andare in centro?
□ ______________________
Poi non si sa mai dove parcheggiarla.

c. ○ Cosa regaliamo a Mario per il suo compleanno? Un libro?
□ ______________________
Quello non legge neanche il giornale.

d. ○ Prendo l'ombrello?
□ ______________________
Tanto non piove.

e. ○ Guarda, si è liberato un posto. Ti vuoi sedere?
□ ______________________
Tanto scendiamo alla prossima fermata.

f. ○ Sandro mi ha invitato alla sua festa. Che dici? Ci vado?
□ ______________________
C'è solo gente noiosa.

ESERCIZIO

Cosa significano questi cartelli? Spiegatelo con le vostre parole.

13

E ADESSO TOCCA A VOI!

Trovate che nel vostro paese la pubblica amministrazione si rivolga ai cittadini con un linguaggio comprensibile? Vi è mai successo di non capire un avviso a causa del linguaggio oscuro nel quale questo era scritto? Ricordate qualche esempio di avviso difficilmente comprensibile? Credete che sia necessaria una riforma della lingua amministrativa?

29

14

ASCOLTO

In questa intervista il professor Raffaele Simone parla dell'influenza dei dialetti sulla lingua e del futuro dell'italiano.

a. Che cosa risulta in base alle rilevazioni fatte dalla DOXA e dall'ISTAT riguardo all'uso e alla diffusione dei dialetti?

____

b. Per quale motivo i dati forniti dai suddetti istituti sono attendibili solo in parte?

____

c. Dove sono più diffusi i dialetti in Italia?

____

d. Cosa avviene in città come Venezia, Milano e Napoli?

____

e. Cosa dovrebbero fare gli italiani nei prossimi anni?

____

15

E ADESSO TOCCA A VOI!

Con che frequenza e in quali situazioni parlate dialetto? Rimpiangete il fatto che i dialetti non si usino più come una volta?
Pensate che i dialetti abbiano un futuro o che finiranno per scomparire?

LETTURA

La poesia *Si fosse n'auciello*, che riportiamo qui sotto, è di Totò, nome d'arte di Antonio de Curtis (Napoli 1898 – Roma 1967), celebre attore teatrale e cinematografico napoletano. Popolarissimo per la sua eccezionale comicità fatta di una mimica irresistibile e di giochi di parole e nonsense divenuti proverbiali, Totò è meno conosciuto come autore di canzoni e di numerose poesie in dialetto napoletano.

Si fosse n'auciello

Si fosse n'auciello, ogne matina
vurria cantà 'ncoppa 'a fenesta toja:
«Bongiorno, ammore mio, bongiorno, ammore!»
E po' vurria zumpà 'ncoppa 'e capille
e chianu chiano, comme a na carezza,
cu stu beccuccio accussì piccerillo,
mme te mangiasse 'e vase a pezzechillo ...
si fosse nu canario o nu cardillo.

17

ESERCIZIO

Completate la traduzione italiana della poesia di Totò.

____ ________ un uccello, ______ ______________

__________ ______________

sulla tua ______________ :

«__________________ , ______________ ________ ,

__________________ , ______________!»

E poi __________ saltare _____ capelli

e piano piano, __________ una carezza,

con __________ beccuccio ________ piccolo,

ti mangerei di baci a pizzicotti ...

____ ________ ____ canarino o ____ cardellino.

Tavole riassuntive

Le seguenti tavole contengono i principali punti grammaticali del corso.
I numeri tra parentesi si riferiscono alle lezioni.

SOSTANTIVI

Revisione delle forme plurali irregolari di alcuni sostantivi (Ricominciamo)

Maschile singolare	→	Femminile plurale
il labbr**o**	→	le labbr**a**
il cigli**o**	→	le cigli**a**
il sopraccigli**o**	→	le sopraccigli**a**
il bracci**o**	→	le bracci**a**
il dit**o**	→	le dit**a**
il ginocchi**o**	→	le ginocchi**a**

L'AGGETTIVO

Il comparativo (lez. 1)

▷ *più (meno) + aggettivo + di + sostantivo o pronome*

Il gioielliere era **più bianco di Guido.**
Il gioielliere era **più bianco di me.**

▷ *più (meno) + aggettivo + che + aggettivo*
Siamo andati al bar **più morti che vivi** per lo spavento.

▷ *(così) + aggettivo + come + aggettivo*
(tanto) + aggettivo + quanto + aggettivo

Lui era **spaventato come me**.
Lui era **spaventato quanto me**.

Aggettivi in «-bile» (lez. 11)

divisibile = che può essere diviso
mangiabile = che può essere mangiato

Il prefisso negativo «in-» (lez. 11)

divisibile	→	indivisibile
certo	→	incerto
mangiabile	→	immangiabile
bevibile	→	imbevibile
prudente	→	imprudente
logico	→	illogico
raggiungibile	→	irraggiungibile

Il prefisso negativo in- diventa *im-* davanti a m-/b-/p-/, *il-* davanti a l- e *ir-* davanti a r-.

PRONOMI

I pronomi combinati (lez. 4)

Revisione (pronomi oggetto indiretto + pronomi oggetto diretto)

+	**lo**	**la**	**li**	**le**	**ne**
mi	me lo	me la	me li	me le	me ne
ti	te lo	te la	te li	te le	te ne
gli	glielo	gliela	glieli	gliele	gliene
le	glielo	gliela	glieli	glieli	gliene
Le	glielo	gliela	glieli	gliele	gliene
ci	ce lo	ce la	ce li	ce le	ce ne
vi	ve lo	ve la	ve li	ve le	ve ne
gli	glielo	gliela	glieli	gliele	gliene

Il pronome indiretto precede quello diretto modificandosi. I pronomi combinati precedono di solito il verbo; seguono invece l'infinito, il gerundio e le forme dell'imperativo con il *tu* il *noi* e il *voi*, unendosi ai verbi in una sola parola.

Accompagnati da un verbo modale i pronomi combinati lo precedono o si uniscono all'infinito che lo segue formando una sola parola.

posso riporta**telo** – **te lo** posso riportare

I pronomi oggetto diretto + la particella locativa «ci» (lez. 13)

Vi accompagno io **a teatro**. → **Vi ci** accompagno io.
Ti accompagno io **a teatro**. → **Ti ci** accompagno io.
Mi accompagna Mario **a teatro**. → **Mi ci** accompagna Mario.
Ci accompagna Roberto **a teatro**. → **Ci** accompagna Roberto.

La particella locativa «ci» + i pronomi oggetto diretto (lez. 13)

Accompagno io **Massimo a teatro**. → **Ce lo** accompagno io.
Accompagno io **i tuoi genitori a teatro**. → **Ce li** accompagno io.

I pronomi relativi «il quale, la quale, i quali, le quali» (lez. 3)

che	il quale la quale i quali le quali
con cui	con il quale con la quale con i quali con le quali
a cui	al quale alla quale ai quali alle quali
di cui	del quale della quale dei quali delle quali
in cui	nel quale nella quale nei quali nelle quali

Pronomi dimostrativi in unione con i pronomi relativi (lez. 8)

	Singolare	Plurale	Singolare / Plurale
Maschile	colui che quello che	coloro che quelli che	chi
Femminile	colei che quella che	coloro che quelle che	

La costruzione impersonale con i verbi riflessivi (lez. 2)

▷ **tempi semplici** → *ci* + *si* + la terza persona singolare

Lasciata Comacchio, si arriva a Ostellato, da dove **ci si immette** nel canale.

▷ **tempi composti** → *ci* + *si* + la terza persona singolare del verbo ausiliare + participio passato al plurale

Ci si è diretti/ -e verso il bosco.

IL VERBO

Verbi accompagnati da un gruppo pronominale (lez. 1, 7)

andarsene

	Presente	**Passato prossimo**
(io)	me ne vado	me ne sono andato/-a
(tu)	te ne vai	te ne sei andato/-a
(lui)		se n' è andato
(lei)	se ne va	se n' è andata
(Lei)		se n' è andato/-a
(noi)	ce ne andiamo	ce ne siamo andati/-e
(voi)	ve ne andate	ve ne siete andati/-e
(loro)	se ne vanno	se ne sono andati/-e

cavarsela

	Presente	**Passato prossimo**
(io)	me la cavo	me la sono cavata
(tu)	te la cavi	te la sei cavata
(lui) (lei) (Lei)	se la cava	se l' è cavata
(noi)	ce la caviamo	ce la siamo cavata
(voi)	ve la cavate	ve la siete cavata
(loro)	se la cavano	se la sono cavata

Il futuro (lez. 3, 4, 9)

Verbi regolari			**essere**
aspettare	aspetter	**-ò**	sarò
scrivere	scriver	**-ai**	sarai
dormire	dormir	**-à**	sarà
finire	finir	**-emo**	saremo
		-ete	sarete
		-anno	saranno

dare → **darò** fare → **farò** stare → **starò**

Verbi che perdono la -e- della desinenza:

avere → **avrò** sapere → **saprò**
dovere → **dovrò** vedere → **vedrò** andare → **andrò**
potere → **potrò** vivere → **vivrò**

Verbi che sostituiscono la -e- della desinenza con una -r-:

rimanere → **rimarrò** tenere → **terrò**
venire → **verrò** volere → **vorrò**

Il futuro anteriore (lez. 9)

Il futuro anteriore si forma con le forme del futuro di *avere* e *essere* + il participio passato.

La coniugazione con ***avere***

io	avrò	fatto
tu	avrai	
lui		
lei	avrà	
Lei		
noi	avremo	
voi	avrete	
loro	avranno	

La coniugazione con ***essere***

io	sarò	andato/-a
tu	sarai	andato/-a
lui		andato
lei	sarà	andata
Lei		andato/-a
noi	saremo	andati/-e
voi	sarete	andati/-e
loro	saranno	andati/-e

Il futuro anteriore si trova di solito in proposizioni subordinate precedute da proposizioni principali al futuro.

Il condizionale passato (lez. 7, 9)

Il condizionale passato si forma con le forme del condizionale di *avere* e *essere* + il participio passato.

La coniugazione con ***avere***

io	avrei	fatto
tu	avresti	
lui		
lei	avrebbe	
Lei		
noi	avremmo	
voi	avreste	
loro	avrebbero	

La coniugazione con ***essere***

io	sarei	andato/-a
tu	saresti	andato/-a
lui		andato
lei	sarebbe	andata
Lei		andato/ -a
noi	saremmo	andati/-e
voi	sareste	andati/-e
loro	sarebbero	andati/-e

Il trapassato prossimo (lez. 5)

La coniugazione con ***avere***

io	avevo	scelto
tu	avevi	
lui		
lei	aveva	
Lei		
noi	avevamo	
voi	avevate	
loro	avevano	

La coniugazione con ***essere***

io	ero	entrato/ -a
tu	eri	entrato/ -a
lui		entrato
lei	era	entrata
Lei		entrato/ -a
noi	eravamo	entrati/ -e
voi	eravate	entrati/ -e
loro	erano	entrati/ -e

Un'azione che ne precede un'altra al passato si esprime con il trapassato prossimo.

Il passato remoto (lez. 10)

Verbi regolari

	parl**are**	cred**ere**	cap**ire**
(io)	parl**ai**	cred**ei** (**-etti**)	cap**ii**
(tu)	parl**asti**	cred**esti**	cap**isti**
(lui)			
(lei)	parl**ò**	cred**é** (**-ette**)	cap**ì**
(Lei)			
(noi)	parl**ammo**	cred**emmo**	cap**immo**
(voi)	parl**aste**	cred**este**	cap**iste**
(loro)	parl**arono**	cred**erono** (**-ettero**)	cap**irono**

I verbi regolari in -ere hanno una forma breve in -ei, -é, -erono e una forma lunga in -etti, -ette, -ettero. Quando la radice dell'infinito termina in -t si usa soltanto la forma breve.

I verbi ausiliari «avere» e «essere»

	avere			essere
io	ebbi		io	fui
tu	avesti		tu	fosti
lui			lui	
lei	ebbe		lei	fu
Lei			Lei	
noi	avemmo		noi	fummo
voi	aveste		voi	foste
loro	ebbero		loro	furono

Verbi irregolari

Alcuni verbi, soprattutto in -**ere**, sono coniugati irregolarmente.

bere	leggere
bevvi	lessi
bevesti	leggesti
bevve	lesse
bevemmo	leggemmo
beveste	leggeste
bevvero	lessero

Così per esempio anche:

scrivere	→	**scrissi/scrivesti**
prendere	→	**presi/prendesti**
scendere	→	**scesi/scendesti**
chiedere	→	**chiesi/chiedesti**
chiudere	→	**chiusi/chiudesti**
sapere	→	**seppi/sapesti**

Altri verbi irregolari

fare	dare	stare	dire	venire
feci	diedi (detti)	stetti	dissi	venni
facesti	desti	stesti	dicesti	venisti
fece	diede (dette)	stette	disse	venne
facemmo	demmo	stemmo	dicemmo	venimmo
faceste	deste	steste	diceste	veniste
fecero	diedero (dettero)	stettero	dissero	vennero

Verbi regolari

		parl**are**	prend**ere**	part**ire**	cap**ire**
... che	io tu lui lei Lei	parl**i**	prend**a**	part**a**	cap**isca**
	noi	parl**iamo**	prend**iamo**	part**iamo**	cap**iamo**
	voi	parl**iate**	prend**iate**	part**iate**	cap**iate**
	loro	parl**ino**	prend**ano**	part**ano**	cap**iscano**

Verbi irregolari

	io, tu lui, lei, Lei	noi	voi	loro
essere	sia	siamo	siate	siano
avere	abbia	abbiamo	abbiate	abbiano
andare	vada	andiamo	andiate	vadano
fare	faccia	facciamo	facciate	facciano
uscire	esca	usciamo	usciate	escano
venire	venga	veniamo	veniate	vengano
volere	voglia	vogliamo	vogliate	vogliano
stare	stia	stiamo	stiate	stiano
dare	dia	diamo	diate	diano
dovere	debba	dobbiamo	dobbiate	debbano
sapere	sappia	sappiamo	sappiate	sappiano
scegliere	scelga	scegliamo	scegliate	scelgano
rimanere	rimanga	rimaniamo	rimaniate	rimangano
salire	salga	saliamo	saliate	salgano
spegnere	spenga	spegniamo	spegniate	spengano
tenere	tenga	teniamo	teniate	tengano

Congiuntivo imperfetto (lez. 8, 11, 12)

Verbi regolari

		parl**are**	prend**ere**	part**ire**	cap**ire**
... che	io tu	parl**assi**	prend**essi**	part**issi**	cap**issi**
	lui lei Lei	parl**asse**	prend**esse**	part**isse**	cap**isse**
	noi	parl**assimo**	prend**essimo**	part**issimo**	cap**issimo**
	voi	parl**aste**	prend**este**	part**iste**	cap**iste**
	loro	parl**assero**	prend**essero**	part**issero**	cap**issero**

Verbi irregolari

	essere	**stare**	**dare**
io	fossi	stessi	dessi
tu	fossi	stessi	dessi
lui lei Lei	fosse	stesse	desse
noi	fossimo	stessimo	dessimo
voi	foste	steste	deste
loro	fossero	stessero	dessero

Formazione del congiuntivo passato (lez. 6, 8)

congiuntivo presente del verbo ausiliare (*essere* o *avere*) + il participio passato del verbo da coniugare.

Io credo che i bambini di ieri **siano stati** uguali ai bambini di oggi.

Formazione del congiuntivo trapassato (lez. 13)

congiuntivo imperfetto del vebo ausiliare (*essere* o *avere*) + il participio passato del verbo da coniugare.
Benché te l'**avessi detto**, non mi hai ascoltato.

Uso del congiuntivo (lez. 6, 7, 8, 11, 12, 13)

Il congiuntivo si usa di solito in una proposizione subordinata dipendente da una principale nella quale si esprime:

▷ **un'opinione**

Credo Penso Mi sembra	che Lei **abbia** due bimbi.

▷ **un'incertezza**

Non so con che cosa **giochino**.

▷ **un'esortazione**

Lasciamo che i nostri bambini **crescano** giocando.

▷ **un desiderio o una richiesta**

Ognuno	desidera vuole preferisce	che i suoi vicini lo **ignorino**.

▷ **una necessità**

È necessario che Bisogna che Occorre che	le inquiline **si siano parlate**.

▷ **un timore**

È preoccupante per me che i ladri **siano riusciti** ad entrare.

Si temeva che il furto **fosse** opera di ladri specializzati.

Il congiuntivo si usa inoltre:

▷ dopo **proposizioni principali** alla **forma negativa**

Non è che **abbiano** detto ...
Mai che un medico **ci dica** ...

▷ in **subordinate relative**, dipendenti da una principale contenente un superlativo relativo

È la misura più severa che la giunta comunale **abbia** mai **preso**.

▷ dopo alcune c**ongiunzioni** come

perché (con significato finale)

Loro insistono perché **si faccia** un cambio merce.

prima che

C'è stato un furto prima che **io venissi** ad abitare qui.

a meno che non

A meno che non **siate** assicurati, evitate di tenere in casa oggetti di valore.

come se

È venuta a riprendersi il figlio in questura, indifferente come se non **fosse successo** niente.

benché

Benché **fosse** stanco, Franco mi ha aiutato.

Il passivo (lez. 5 ,10)

▷ *L'ausiliare essere + il participio passato del verbo da coniugare*

La stanza **è illuminata da** una grande finestra.

Le piste **sono** molto **usate dai** ciclisti.

Nel 1993 **sono stati investiti** ben 177 ciclisti.

▷ *Il verbo venire + il participio passato del verbo da coniugare*
(con significato dinamico)

La manutezione **viene** poco **curata**.

Le strade **vengono pulite** tutti i giorni.

Attenzione: nei tempi composti il verbo *essere* non può essere sostituito dal verbo *venire*.

▷ *Il verbo andare + il participio passato del verbo da coniugare*
(per esprimere una necessità o una consuetudine)

Il matrimonio **va festeggiato** alla grande.

Le partecipazioni **vanno spedite** due mesi prima.

Il periodo ipotetico (lez. 3, 8, 12, 13)

Una frase che esprime una condizione viene spesso introdotta dalla congiunzione «se».

Il periodo ipotetico della realtà

▷ Si usa quando la condizione è realizzabile:

proposizione subordinata = *se* + presente indicativo proposizione principale = presente indicativo

Se non mi trova, può lasciare un messaggio.

proposizione subordinata = *se* + futuro proposizione principale = futuro

Se mi sarà possibile, Le telefonerò.

proposizione subordinata = *se* + presente indicativo proposizione principale = futuro

Se mi lascia un recapito telefonico, La avvertirò.

Il periodo ipotetico della possibilità

▷ Si usa quando la condizione non è facilmente realizzabile:

proposizione subordinata = *se* + congiuntivo imperfetto proposizione principale = condizionale presente

Se vincessi alla lotteria per prima cosa comprerei una macchina.

▷ Si usa quando permangono dubbi sulla realizzabilità della condizione:

proposizione subordinata = *se* + congiuntivo imperfetto
proposizione principale = futuro

Se la cura non dovesse funzionare, (vorrà dire che) mi rivolgerò a un omeopata.

Il periodo ipotetico della irrealtà

▷ Si usa quando la condizione non può essere realizzata:

proposizione subordinata = *se* + congiuntivo trapassato
proposizione principale = condizionale presente o passato

Se te l'avessi detto prima, non sarebbe cambiato proprio nulla.

Se avessi accettato quel lavoro, adesso guadagnerei molto bene.

proposizione subordinata = *se* + imperfetto indicativo
proposizione principale = imperfetto indicativo

Se non fermavano Tardelli, non cambiava niente.

Il gerundio nelle proposizioni subordinate (lez. 2, 3, 5, 10)

Gerundio presente

Le azioni espresse nella proposizione principale e nella subordinata si svolgono contemporaneamente e il soggetto delle due frasi è lo stesso.

uso condizionale — Volendo cominciare con la natura, si può fare un giro nel Parco Nazionale d'Abruzzo.

uso temporale Restando in attesa di un cortese riscontro, vi salutiamo cordialmente.

uso modale Era entrato in autostrada scavalcando il guard-rail.

Gerundio passato

L'azione espressa nella proposizione subordinata si svolge prima di quella espressa nella proposizione principale e il soggetto delle due frasi è lo stesso.

parlare → avendo parlato

uscire → essendo uscito / uscita / usciti / uscite

Non avendo mai provato nient'altro non riuscivo a rispondermi.

Costruzioni con l'infinito

stare per + infinito (lez. 1)

Un'azione è sul punto di prodursi.

Franco sta per riparare la macchina (comincerà tra poco).

proposizioni subordinate con di + infinito (lez. 6)

Crediamo di avere tutto il diritto di giocare.

La costruzione è possibile solo quando il soggetto delle due proposizioni è lo stesso.

prima di + infinito (lez. 11)

Prima di uscire di casa accertatevi che tutte le finestre siano ben chiuse ...

dopo + infinito passato (lez. 8)

(Infinito passato: parlare → aver parlato; uscire → essere uscito/-a/-i/-e)

La giunta comunale è stata costretta a chiudere il centro al traffico, dopo essersi ritrovata con le spalle al muro per colpa dei ripetuti allarmi inquinamento.

La giunta comunale è stata costretta a chiudere il centro al traffico, dopo aver riscontrato nell'aria la presenza di diossina.

La concordanza dei tempi (revisione) (lez. 5, 9, 11,12)

Verbo della principale al:	Verbo della subordinata al:
presente	**presente** (contemporaneità) **passato prossimo/imperfetto** (anteriorità) **presente/futuro** (posteriorità)
So che l'ingegnere	oggi è impegnato. ieri è stato impegnato tutto il giorno. era impegnato quando Lei ha telefonato. domani è sicuramente impegnato. domani sarà sicuramente impegnato.
Credo che l'ingegnere	oggi sia impegnato. ieri sia stato impegnato tutto il giorno. fosse impegnato quando Lei ha telefonato. domani sia impegnato. domani sarà impegnato.

Verbo della principale al:	Verbo della subordinata all':
passato prossimo (ancora in relazione con il presente)	**presente** (contemporaneità) **passato prossimo/imperfetto** (anteriorità) **presente/futuro** (posteriorità)
Poco fa l'ingegnere mi ha detto che	oggi è impegnato. ieri è stato impegnato tutto il giorno. era impegnato quando Lei ha telefonato. domani è sicuramente impegnato. domani sarà sicuramente impegnato.

Verbo della principale:	Verbo della subordinata all':
in un tempo passato	**imperfetto** (contemporaneità) **trapassato prossimo** (anteriorità) **condizionale passato** (posteriorità)
Sapeva che Aveva saputo che Mi ha detto che Mi disse che	l'ingegnere quel giorno era in ufficio. l'ingegnere un giorno prima era stato in ufficio. l'ingegnere il giorno dopo sarebbe stato in ufficio.
Sperava che	l'ingegnere quel giorno fosse in ufficio. l'ingegnere il giorno prima fosse stato in ufficio. l'ingegnere il giorno dopo sarebbe stato in ufficio.

Il discorso indiretto (lez. 5, 9, 14)

Cambiamenti - Vocaboli

Discorso diretto		Discorso indiretto
io	→	lui, lei
mio	→	suo
questo	→	quello
qui/qua	→	lì/là
oggi	→	quel giorno
ieri	→	il giorno prima
domani	→	il giorno dopo
prossimo	→	seguente/successivo
fra (temporale)	→	dopo

Cambiamenti - Forme verbali

Dopo un verbo al presente con il quale si afferma o si domanda qualcosa si usa, nel discorso indiretto, lo stesso tempo usato nel discorso diretto.

Dopo un verbo al passato con il quale si afferma e si domanda si verifica i seguenti cambiamenti:

Con l'indicativo:

Discorso diretto		Discorso indiretto
presente	→	imperfetto
passato prossimo	→	trapassato prossimo
futuro	→	condizionale passato

Mi ha risposto: «Non è colpa mia.»
Mi ha risposto che non era colpa sua.

Gli ho detto: «Lei è stato fortunato.»
Gli ho detto che lui era stato fortunato.

Mi ha detto: «Al ristorante ci andremo un'altra volta.»
Mi ha detto che al ristorante ci saremmo andati un'altra volta.

Con il congiuntivo:

Discorso diretto		Discorso indiretto
presente	→	imperfetto
passato	→	trapassato

Mi ha detto: «Io trovo che tuo figlio abbia ragione.»
Mi ha detto che trovava che mio figlio avesse ragione.

Mi ha detto: «Non penso che Luigi abbia fatto qualcosa di male.»
Mi ha detto che non pensava che Luigi avesse fatto qualcosa di male.

Con il condizionale:

Discorso diretto		Discorso indiretto
condizionale presente	→	condizionale passato

Mi ha detto: «Verrei volentieri.»
Mi ha detto che sarebbe venuto volentieri.

Restano invariati:

Discorso diretto		Discorso indiretto
imperfetto	→	imperfetto
trapassato prossimo	→	trapassato prossimo
congiuntivo trapassato	→	congiuntivo trapassato
condizionale passato	→	condizionale passato

Mi ha risposto: «La macchina da qualche parte la dovevo pur lasciare.»
Mi ha risposto che la macchina da qualche parte la doveva pur lasciare.

Mi ha detto: «Ti avevo avvisato.»
Mi ha detto che mi aveva avvisato.

Mi ha detto: «Ho mandato mio figlio in Inghilterra perché imparasse l'inglese.»
Mi ha detto che aveva mandato suo figlio in Inghilterra perché imparasse l'inglese.

Mi ha detto: «Io al Suo posto gli avrei graffiato la macchina.»
Mi ha detto che al mio posto gli avrebbe graffiato la macchina.

Restano ancora invariati:

Discorso diretto		Discorso indiretto
infinito	→	infinito
gerundio	→	gerundio
participio	→	participio

Con l'imperativo si hanno due possibilità per il passaggio al discorso indiretto:

Discorso diretto		Discorso indiretto
imperativo	→	di + infinito che + congiuntivo

«Siediti» mi ha detto.

Mi ha detto di sedermi.
Mi ha detto che mi sedessi.

Proposizioni condizionali:

Discorso diretto		Discorso indiretto
il periodo ipotetico della realtà il periodo ipotetico della possibilità il periodo ipotetico della irrealtà	→	se + congiuntivo trapassato + condizionale passato

Il capotreno ha detto: «Se quei tre non scendono, il treno resta fermo qui.»
Il capotreno ha detto che se quei tre non fossero scesi, il treno sarebbe rimasto fermo lì.

Gli ho detto: «Se fumassi di meno, non avresti la tosse.»
Gli ho detto che se avesse fumato di meno, non avrebbe avuto la tosse.

Fabrizio ha detto: «Se Lei avesse incontrato un maleducato come Lei, non se la sarebbe cavata così a buon mercato.»
Fabrizio ha detto che se l'automobilista avesse incontrato una persona maleducata come lui, non se la sarebbe cavata così a buon mercato.

Glossario delle lezioni

Lo spazio a destra è riservato alla traduzione nella lingua madre. Le parole in grassetto appartengono al vocabolario del Certificato d'italiano dell'International Certificate Conference.

I verbi che si coniugano come finire (finisco) sono indicati (-isc).

RICOMINCIAMO!

1

ricominciare
l'**intervista**
consultarsi
riascoltare
formulare

2

lo **straniero**
breve
la biografia

3

il brano
è tratto da
trarre
separato
l'**inizio**
il protagonista
se stesso
il modo di vivere
distante
specchiare
il viso
contro
l'oblò
in volo
l'**immagine** *(f.)*
contro quello sfondo acceso
lo sfondo
acceso
il **capello**
fine
l'**occhio**
gonfio
il labbro (*pl.* le labbra)
turgido
cascante
è ben consapevole di non avere un'età comunemente definita matura o addirittura anziana
consapevole
comunemente
maturo
anziano
per la maggior parte
sposarsi
più o meno
una professione ben retribuita
raro
fuggire
il pretesto
con il pretesto
distante
sé
immersi in problemi
la **tassa**
estivo
quando si trovano occasionalmente a parlarne
occasionalmente
si tratta di incombenze
l'incombenza
del tutto differenti
del tutto
differente
ha una disponibilità di tempo
la disponibilità
la diversità
svolgere
artistico
cosiddetto
accrescere
radicato
una propria casa riconoscibile come il «focolare domestico»
è scapolo
lo scapolo
avere in comune
differenziarsi

4

in ordine di apparizione
premettere
la treccia
la fronte

il sopracciglio
(*pl.* le sopracciglia)
lo zigomo
il **naso**
la **bocca**
i baffi
la **barba**
il mento
il **collo**
liscio
riccio
ondulato
biondo
brizzolato
calvo
sottile
carnoso

⑥
accomunare
l'**abitudine** *(f)*
il resoconto

LEZIONE 1

①
Tutte a te capitano!
capitare
la disavventura
qualche giorno prima
il gioielliere
il portasigarette
il **mazzo di chiavi**
la catenina
l' anello
il rivelatore di metalli
la **luce**
la sirena
la campana
mostrare
la pistola
scappare
chiarirsi

②
andarsene
succedere
avere al collo
la madonnina
la doppia porta
suonare
stare per fare qc.
il **campanello**
suonare

③
la trasmissione radiofonica
il documentario
la noce
il **programma**
la barzeletta
il **carabiniere**

④
il sostantivo
gli **occhiali**
il violino
il **calzolaio**
il liutaio
l'ottico
il falegname
l'orologiaio

⑤
d'oro
l'oro
il corallo
gli **occhiali da sole**
il **metallo**
il noce
a 12 corde
lo stivaletto

⑥
scoppiare un temporale
mettersi a tavola
mettersi a letto
piangere
il **rumore**
dall'interno
andare via la corrente

⑦
tra l'altro
essere vestito
il giaccone da marinaio
con il collo alzato
il collo

pulito
sporco
prendere per ...
il rapinatore

⑧
il bermuda
il cappello di paglia
la paglia

⑨
l'aspetto fisico
il **Natale**

⑩
spaventato
quanto me
eh, niente
a quel punto
mettere via
morire di paura
morire
la **paura**
il lenzuolo
tutti e due
più morti che vivi
lo spavento
Madonna!
incredibile

⑪
timido
il papavero
poverina!
povero
Scozia
il carbone

⑫
stanco morto
bagnato come un pulcino
bagnato
il pulcino
innamorato cotto
innamorato
ubriaco fradicio
ubriaco
magro come un chiodo
magro
il chiodo
testardo come un mulo
testardo
il mulo

⑬
appariscente
furbo
stupido
svogliato
ordinato
pignolo
coraggioso
imprudente
brillante
vistoso
essere un amore
timido
riservato

⑮
il **fatto**
divertente
drammatico
imbarazzante

⑯
certo
consolare
il **campeggio**
si è accorta di aver lasciato
accorgersi
tornare indietro
in seconda fila
la **fila**
precipitarsi su
la **sorpresa**
la **multa**
il **divieto di sosta**
inutilmente
niente da fare
pregare
togliere la multa
non fare (altro) che
lamentarsi
perdere il treno
alla fine
siccome
essere in ritardo
fare prima

essere bloccato
impossibile
andare avanti
il **Presidente della Repubblica**
per fortuna
la **fortuna**
finché non
per farla breve
mancare
fare la spesa
il **motore**
spegnersi
muoversi
meno male (che)
da quelle parti
il **portafoglio**
in fretta e furia
la **fretta**
grazie a Dio
riavere
la condizione
sostenere
finché
il guaio
riderci sopra
sta' su con la vita!

⑰
l'azione contemporanea
l'intenzione
la conseguenza
prendere una decisione
la **decisione**

⑲
l'annotazione
fare scalo
lo **sciopero**
pessimo

LEZIONE 2

①
Volevo chiederLe una cortesia
la **barca**
il delta
il delta del Po
navigare
il **fiume**
gestire
la darsena fluviale
la darsena
fluviale
Europa
guidare
la patente nautica
l'itinerario
la riviera del Brenta
la laguna veneta
l'imbarcazione
manovrare
occorrere
se occorre
riscaldabile
ospitare
essere formato da
la zona notte
prendere possesso
consegnare
sabato dopo
via Porto Garibaldi
l'anello navigabile
la città estense
immettersi
la conca
poco dopo
il centro agricolo
probabile
l'origine
celebre
Boscone
proseguire
omonimo
il centro peschereccio
giungere
la Bocca
raggiungere
il lido
il porto canale
il canale
meritare
l'approdo
il porticciolo
lasciata Comacchio
artificiale
passare

la superstrada
la navigazione
in prossimità di
la cartina
nominato

②

la forma impersonale
frequentato
affollare
il **campeggio**
pieno
gente desiderosa di …
offrire
pittoresco
la vegetazione
mediterraneo
l'olivo
il vigneto
il cipresso
il contrasto
la roccia
con un occhio diverso
iniziare
la **strada statale**
il duomo
tardo-gotico
il giardino botanico
romanico
la **sosta**
il lungolago
l'altitudine
il panorama
servirsi
servendovi delle indicazioni riportate
il **castello**
trecentesco
caratteristico
SS. Trinità
l'affresco
romantico
il borgo
antico
l'enoteca
le mura
medioevale
Rocca Scaligera
la grotta
il dipinto
la chiesa parrocchiale

④

intrattenersi
prendere in affitto

⑤

l'imbarazzo della scelta
qualche puntatina
i **dintorni**

⑥

comportarsi
il superiore
la **proposta**
chiedere scusa

⑦

consumare
il pezzo di ricambio
caotico
affascinante
il riso integrale
sano

⑧

elencato
fare una tappa
la tappa
approfittare dell'occasione

⑨

l'escursione
l'orso
il cervo
la tranquillità
la **natura**
intatto
le troverà
la foresta
immenso
raro
compresa la recuperata lince
profondo
l'altopiano
ampi spazi di solitudine
ampio
lo **spazio**

la solitudine
il **silenzio**
ben dotato di strutture ricettive
la **zona**
montuoso
in parte
la stazione sciistica
l'impianto di risalita
la sciovia
capace di trasportare
il **passeggero**
numeroso
essere dislocato
Aquilano
confortevole
la categoria
prezioso
l'ippodromo
la pista
il fouristrada
il cross
la riserva
l'ettaro
protetto
oltre un milione
il visitatore
il centro faunistico
l'oasi
l'artigianato
osservare
selvatico
avvicinarsi
l'abbeveraggio serale
appartato
di selvaggia **bellezza**
carsico
la sorgente
il salto
la cascata
bene
schietto
in realtà
il posto montano
meritare
essere citato
al di là di ogni suggerimento
la carta geografica
partire alla scoperta
la **scoperta**
ognuno troverà
ridotto
elencate le informazioni fornite dal testo riguardo a...
la geografia
la fauna

(10)

in base a quali criteri

(11)

qualcosa di più culturale
difatti
ben conservato
riportare alla luce
il foro
l'anfiteatro
praticabile
barocco

(12)

saporito
l'esecuzione
la fibra sintetica

(13)

la provenienza
concludere

(14)

riprodotto

(15)

il **volume**
trarre
la poesia
riminese
evviva
umili baluardi
umile
il baluardo
la diga
contro
la recessione
salvare
la bilancia dei pagamenti
il pigiama
cozzano le forchette contro il granito delle cotolette
si cammina inquadrati

conquistare
il cono gelato
sibilare
come aerei in picchiata
sentire
la zanzara
l'odore (*m.*)
sensuale
la fogna (di canale)
adriatico
stellato
l'amato
ustionato
Sei come la Romagna della nota canzone?
noto
frenare
la **passione**
baciare
la cautela
se no si spela
se no
spelarsi
riferirsi

⑯
la località balneare
esagerato

LEZIONE 3

①
lasciare un messaggio
la **riunione**
le **ferie**
la **sede**
fuori sede
essere al corrente
intero
ritelefonare

②
parlare personalmente con lui
Le passo ...

③
fuori stanza
lasciar detto qualcosa
richiamare
attendere in linea

④
per la celerità con la quale ci avete inviato il catalogo
relativo
il **prodotto**
poiché
avere intenzione di
installare
prossimamente
il sistema di allarme
mettersi in contatto
concordare
restando in attesa di un cortese riscontro
il riscontro

⑤
fidarsi di qn.
ciecamente
il **reparto**

⑥
il fax
esporre un problema
eventuale
possibilità di alloggio
congedarsi

⑦
l'agenda
che io sappia
riferire
appena
il recapito telefonico
Le faremo sapere
alloggiare
la ricezione
senz'altro
a quanto ne so io
per quel che ne so
a quanto mi risulta

⑧
rientrare
riprendere servizio
l'inizio
essere a conoscenza

la **richiesta**
la **promessa**

9

il futuro
raccomandata
rintracciare
l'eventualità
il suggerimento

10

l'interno
la copisteria
il sostituto
promessa sottoposta a condizione

11

liberarsi
dare un colpo di telefono
prima del previsto
raggiungere qn. al ristorante
riprovare a telefonare
passare a prendere

12

dipendere da
il consiglio di facoltà
studiare lettere

13

Uccelli da gabbia e da voliera
l'**uccello**
la **gabbia**
la voliera
il protagonista
guidare
il corridoio
ogni tanto
fermarsi
bussare
indicare
la **mano**
con un brutto accento
l'accento
farsi capire
il **tipo**
stringere la mano
nemmeno
più che altro
mi lascio condurre in giro
sorridere
come meglio mi riesce
mostrare
la **macchina da scrivere**
la dattilografa personale
per ora
se ti va bene
porgere
il **foglio**
firmare
pensi che ti vada bene?
il soffitto
il mio lavoro consiste nel ...
esaminare
la serie
il rapporto
proveniente da...
raffrontare
il dato
disponibile
stendere
il resoconto complessivo
mandare
il polsino della camicia
imbarazzato
richiamare l'attenzione
fare cenno
me lo immagino
l' istruzione
definite nei dettagli
il dettaglio
quale sarà il mio stipendio
impressionare
venti volte quanto
il fascicolo
me li illustra
con grande cura
la cura
alzare
la cornetta del telefono
lo schienale
regolabile
mi allungo all'indietro
puntare i piedi
fare ruotare la sedia
il tasto
il ticchettio
mi viene da ridere
ridere

⑭

mettere in ordine cronologico

⑮

l'astronomo
l'infermiera
l'**interprete**
l'orefice
il **postino**
creare
spolverare
il motore
dirigere il traffico
assistere
l'**ammalato**
consegnare
osservare
la **stella**

⑯

l'azione (*f.*)

⑰

il ministero
il pastificio
il maglificio
il mobilificio
l'ufficio commerciale
responsabile
orientale
occidentale
centrale
settentrionale
meridionale
l'**orario di lavoro**
flessibile
fisso
l'atmosfera
vitale
vario
precedente

⑱

il **punto di vista**
in parte
il lavoro viene prima di tutto
prima di tutto
smettere
intellettuale
manuale
lo **Stato**
monotono
confrontare
motivare
l'**opinione** (*f.*)

LEZIONE 4

①

Sarà che sono un po' pignolo
chiedere in prestito qualcosa a qualcuno
definire
il racconto
contenuto
Navi in bottiglia
la **nave**
emozionante
divertente
interessante
appassionante
avvincente
commovente
la riga
l'abitudine (*f.*)
l'appunto
il margine
sottolineare
l'orecchietta
piegare
nevrotico
intollerante
pignolo
vanitoso
meticoloso
avaro
testardo
geloso
preciso
sentimentale

②

dispiacere o meno
osare
la recensione
stuzzicare

no … sì … certo
riportare
essere di ritorno

③
la stilografica
i gemelli
la **rivista**

④
fare vedere
il **fiore**
il mazzo

⑤
prestare
il **pettine**
il **costume da bagno**
la **tenda**
il sacco a pelo

⑥
lasciare il segno
il viziaccio
mi fa venire una nevrosi
la nevrosi
il segnalibro
tenere con cura
la cura
far prendere acqua
qualcosa del genere
tenere custodito
il tesoro

⑦
apprensivo
certi scherzi
lo **scherzo**
scrupoloso
dire in giro
lasciare le cose in giro
rigido
in caso di necessità

⑧
convincere
cambiare idea
vanitoso
non sapere dire di no

⑨
offendere
faticoso

⑪
essere fissato con l'ordine

⑫
il compact
trattare
rimettere
la custodia
restituire (-isc-)
pieno
l'impronta
tenere a qc.

⑬
far parte di …
il finalista
il premio letterario
la regola ferrea
la regola
ferreo
il finale a sorpresa
il finale
la sorpresa
la **voce**
il nastro
il segnale acustico
implorare
perdonare
farsi vivo
il bip
costringere
riattaccare
accorato
sparito
il **vuoto**
riempire
in precedenza
utilizzare
a ben pensarci
la voce di una donna diversa
voce incorporea
a lungo
l'intervallo
infine

guarire
squillare
il cuore in gola
il **cuore**
la **gola**
supplichevole
sentirsi a proprio agio

(16)
l'intervista
il professore ordinario
la linguistica
il **rapporto**
unico
per quanto riguarda
il quotidiano
quanti ... in percentuale
la fonte di sapere
la fonte
sapere
la **cultura**
la copia di giornale
stampare

(17)
la scena
avvenire
fitto
la pila
il best-seller
efficiente
il bazar
il poster
il calendario
avere l'aria tranquilla
guardarsi intorno
spaesato
essere vestito
il **gusto**
l'eleganza
l'**aspetto**
rivelare
la posizione socio-culturale
carino
preciso
l'imbarazzo
come si fa a dire ...?
la saggistica
la narrativa
il **giallo**
la novità
un libro vale l'altro
di seguito
affrettarsi
la soggezione
uscirsene
Opinioni di un clown
l'**eccezione** (*f.*)
il dramma
nazionale
sociale
da allora
il paese è profondamente mutato
mutare
il consumo
il livello di reddito
il livello
il reddito
l'**automobile**
la **mostra**
alto
magro
tranne una cosa
il livello di lettura
la statistica
la persona laureata
ovvero
qualcosa come
dichiarare
badate bene
badare
per chiudere il quadro
il manager
neppure
davvero vergognoso
davvero
vergognoso

(18)
l'**espressione** (*f.*)
l'indicazione
la riga
lo spazio vuoto
il genere
il **numero**

(20)
il comportamento

LEZIONE 5

①

Com'è successo?
rammollito
pedalare
a tutta birra
il ciclista
sorpreso e multato
la **Stradale**
la bici
pedalare
la corsia di sorpasso
la corsia
il sorpasso
originario di Malo
la **provincia**
correre
piegato sul manubrio
il manubrio
le auto in corsa
scartare
l'agente
la pattuglia
pedalava con quanto fiato aveva in gola
dovevo raggiungere gli amici
dichiarare
il poliziotto
sgranare gli occhi
che c'è di male a ...?
l'autostrada è fatta per accorciare le distanze
coraggioso
il **campo**
scavalcare il guard-rail
in stato confusionale
raccomandare
simile
la **sciocchezza**

②

promettere

③

sostenere

⑤

la corsia di emergenza
con una ruota a terra
la ruota
il divieto di sosta
il **pedone**
il **marciapiede**
singolare
assistere
il **fatto**
insolito

⑥

l'**ospedale** (*m.*)
andare a trovare
farsi male
la **spalla**
il **petto**
il **fianco**
il **braccio** (*pl.* le braccia)
il gomito
il polso
la **mano**
il **dito** (*pl.* le dita)
la **gamba**
il ginocchio (*pl.* le ginocchia)
la caviglia
il **piede**
di chi è ...?
la **motocicletta**
il fanale
la forcella
anteriore
raffigurare
l'**incidente** (*m.*)
a che velocità andava Claudio?
la **velocità**
km/h (chilometri all'ora)
la riparazione

⑦

avere torto
dare la precendenza
bravo!
una siepe piuttosto altina
la siepe
il muso della macchina

⑧

lo stop
fermarsi
il **limite di velocità**

osservare
rallentare
le strisce pedonali

⑨

il **segnale stradale**
il **senso vietato**
il divieto di svolta a sinistra
il passaggio a livello con barriere
la sosta vietata
la direzione obbligatoria
il divieto di sorpasso

⑩

la sanzione
applicare una sanzione
il ritiro della patente
definitivo
la rimozione della vettura
la vettura
la pena detentiva
la ripetizione
l'**esame di guida**
lo stato di ebbrezza
superare
allacciare
la cintura di sicurezza
suonare il clacson
il clacson
in prossimità di …
soccorrere
investire
durante la manovra di parcheggio
danneggiare
allontanarsi

⑪

per quel poco che ricordo …
la **soluzione**
agevolare
il prezzo di favore
anticipare
ridare
piano piano
la sella
il tubo di scappamento
la ruota
il parafango
lo specchietto retrovisore
il manubrio
la sella
il **freno**
il parafango
la pompa
il raggio
il pedale
il telaio
lo specchietto retrovisore
il parabrezza
il tergicristallo
il cofano
il fanale
il **faro**
la **targa**
il paraurti
la portiera
lo sportello
il **finestrino**

⑫

ammaccarsi
piegarsi
la vespa
la frizione
spezzarsi

⑬

frenare
perdere il controllo
sbandare
andare a sbattere contro …

⑭

il **mezzo**
alternativo
diffondersi
la pista ciclabile
l'isola pedonale
il pasdaran
il fondamentalista
gettarsi
impavido
arrampicarsi
la salita
in volata
l'impresa eroica

lo sguardo
superficiale
la metropoli
non può che ...
eroismo
cittadino
si è arrivati a vietare
perfino
l'**uso**
il lungomare
le automobili regnano sovrane
sfogarsi
ben 2500 metri per un metro e mezzo di larghezza
la larghezza
realizzare
grazie a ...
i mondiali
il tragitto
migliorare
il fatto acquisito
a Forlì spetta il primato
spettare
il primato
come del resto
la **vittima**
la **guerra**
vantare
la manutenzione
curare
posteggiare
indisturbato
in continua evoluzione
corrispondere al giudizio di ...
accettabile

⑮

rialzarsi

⑯

rispettare
punire
deviare
il patrono

⑰

con che frequenza ...?
spostarsi
fanatico

⑱

fornire
la viabilità
il notiziario
la pioggia battente
il rallentamento
la frana
l'allagamento
la **nebbia**

LEZIONE 6

①

Non so che dirLe
sopra
sotto
il motivo
lamentarsi

②

avere una cortesia da chiedere
vivace
fare un sonnellino
buttare
la **palla**

③

il ministero
il Ministero degli Esteri

④

da queste parti

⑤

la **parete**
essere desolato
sto cercando di ambientarmi
cercare di
ambientarsi

⑥

chiedere comprensione

⑦

la palazzina
gentile
cordiale

cortese
abbaiare
il musicista
esercitarsi
concentrarsi
la bestiaccia
l'inquilino
il piano di sotto
il piano terra
composto di
in passato
il passato
calmarsi
non è colpa sua
la **colpa**
essere abituato
il **suono**

⑧
gli affari di famiglia
antipatico
gettandoci addosso dei secchi pienissimi d'acqua
gettare addosso
il secchio
dare retta
avere il diritto di
l'argomento
infelice
inviare
in ogni altra parte del mondo
la **parte**
il **mondo**
al mare come in montagna
all'aperto
come mamma
mi sembra vergognoso
vergognoso
il condominio
giocare a pallone
andare sui pattini
i pattini
rincorrersi
creare schiamazzo
lo schiamazzo
scemo
da entrambe le parti
il rispetto
la tolleranza

l'infanzia
il **mal di testa**
il **mal di denti**
il **dente**
la depressione
fatalmente
coricarsi
sotto l'aspetto del gioco
insofferente
crescere
la maturità
l'istinto

⑨
Da che cosa dipendono?
dipendere
secondo me
pretendere
l'esigenza

⑩
l'asserzione
l'opinione
fare progressi
essere viziato
il pregiudizio

⑪
dovunque
intollerante
il **diritto**

⑬
napoletano
esordire
Così parlò Bellavista
immediatamente
estrarre
l'abitazione (*f.*)
il viale di accesso
la camera di rappresentanza
cioè, voglio dire, non è che ...
nossignore
eccetera eccetera
la convinzione
ignorare
ricambiare indifferenza
l'indifferenza

nei suoi riguardi
per forza
a Napoli ci sono le corde tese per stendere i panni
la corda
stendere i panni
il **palazzo**
la **notizia**
correre
diffondersi
stendere
è necessario che …
suddetto
parlarsi
mettersi d'accordo
facciamo una bella cosa
appendere il bucato
appendere
il bucato
Quando fate il bucato?
così non ci possiamo tozzare
dopo stesa la prima corda
le nostre signore diventeranno più intime
litigare
riappacificarsi
mettersi insieme
il **sistema**
inconveniente
avere un prezzo da pagare
nulla
tenere nascosto
la **speranza**
le corna
vincita al lotto
la diarrea
essere di pubblico dominio

⑮
vicinato

LEZIONE 7

①
Mio figlio come al solito
come al solito
baciarsi
la classe
essere sospeso
il preside
sorprendere
teneramente
abbracciati
essere seduto
il davanzale
la punizione
nessun intento repressivo
il capo dell'istituto
il provvedimento
severo
per rispetto di …
l'istituzione scolastica
il regolamento
chiaro
la decisione
sollevare polemiche
trovarsi uniti
protestare
giudicare
eccessivo
annunciare uno sciopero
l'aula
lo scandalo
assistere alla scena
assistere
solidale
avventato
la ramanzina
difendersi
chiudere un occhio
la mentalità
sorpassato
recarsi
ma quale atto scandaloso!
vietare
grave

②
antiquato

③
una cosa antipatica

④
comportarsi
l'**importanza**

⑤
l'opinione
lo scandalo

ai miei tempi
l'invidia
la spina dorsale
serio
roba da matti!

⑥
la **ragazza**
debole
essere troppo esigente

⑦
che faccia!
la **faccia**
rispondere a monosillabi
fare un discorso insieme
piantato davanti al televisore
pretendere
un attimino troppo esigente
combinazione ha voluto che ...
la combinazione
identico

⑧
sottostante
essere all'antica
ragionare
essere inutile
il vocabolario
arrabbiarsi
la padella

⑨
la locuzione
indulgente
altruista
ottimista
paziente
ingenuo
sopportare
fidarsi
aspettarsi
perdonare

⑩
il dato di fatto
la considerazione personale

⑪
in anticipo
il direttore generale

⑫
onestamente
l' **esperienza**
il **fatto**
positivo
anziché
il desiderio
staccarsi
legittimo
attraverso forme sbagliate

⑬
stancarsi
badare

⑮
comprensivo

⑯
seccato
per forza
è l'ultima che Le fa
con la scusa
assunto
sfogarsi
agitato
probabilmente
stimare
efficiente
la distribuzione
la cosa non La riguarda
riguardare
affollato

⑰
il motorino
essere pronto per
abituale
la pigrizia
scomparire
la **neve**
inutile controbattere
che sia la sete di soldi
l'indipendenza
la **differenza**
irremovibile
la felicità
raccogliere
la **mela**
il canile

a contatto con gli animali
l'**animale**
nonostante
inverno
spupazzarsi
a pagamento
la curiosità
consolarsi
appartenere
all'universo degli adulti
commentare
il **papà**
fatto sta che
intraprendente — entrepreneurial
darsi un gran da fare
pur di …
sudare sette camicie — to sweat
proverbiale
l'istituto alberghiero
cavarsela — to get out of
ogni tanto
la **conoscenza**
il conforto
valere la pena
è un disastro
alle soglie dell'esame … — threshold
incoraggiare
l'animatrice (*f.*)
l'aiuto bagnino
mi tocca stare
l'**ombrellone** (*m.*)
guai a parlarne!
fortunata
suggerire
il proprietario
l'acquario
mi andava bene
gratis
insistere
fare un cambio merce
la **merce**
rimettere in funzione
un po' vecchiotto
sguarnito
sentire la mancanza di qn.

⑲

come te la cavi con …?
le faccende domestiche
cucire
il programma di scrittura
avere pazienza
friggere
pestare i piedi
la **pulizia**
portare a stirare
attaccare i bottoni
la gara di slalom

⑳

coincidere
la legenda
sì, assolutamente
dipende
non del tutto
minorenne
obbedire
senza far storie
il figlio unico
educare
allo stesso modo
senza ruoli prestabiliti
la maggior parte
maschio
picchiare
il **dovere**
prendersi cura
la cura
efficace
la paga settimanale
il lusso
rientrare
entro le dieci di sera
a 16 anni
oggigiorno
argomentare

LEZIONE 8

①

Ma perché non prendi l'autobus?
il sondaggio — survey
il **sogno** — dream
essere in cima
la cima
proibito
provare — to try / test

GLOSSARIO

indirettamente
la ricerca
commissionare
il Tg2
attraverso il sistema delle interviste telefoniche
il sistema
la lotteria di Capodanno
per prima cosa
leggermente
la percentuale
coloro che
il tetto
l'interpellato
a compensare
in parte
scarso
la scarsa originalità degli italiani
significativo
fare beneficiziena
la beneficienza
dispensare
previdente
miliardario
il fatalismo
congenito
tuttavia
spingere qn. a qc.
rinunciare
alcunchè
ottenere
agognato
la vittoria
dichiarare
essere disposto a …
il **Paese**
appartenente
la schiera
cinico
specifico
rivolgere una domanda
distribuire in beneficienza
verificare
la sincerità
una maggioranza relativa
la maggioranza
compreso tra
arriverebbe al 50 %
lo zoccolo duro

non mollare l'osso
mollare
l'osso
in prima persona
la speranza
rientrare
restante
lo schema
scappare
il vincitore

(2)
evidenziato
viceversa

(3)
porsi le domande
l'un l'altro
raccogliere
verificare
somigliare

(4)
scherzosamente
fare notare
il passo carrabile
l'ingresso in centro
il parcheggio sotterraneo
organizzare
efficiente
il servizio pubblico
tollerante
parcheggiare irregolarmente

(5)
eh, poverina!
tu certo parli bene perché …
sei a un autobus di distanza
non ne dubito
dubitare
prima
sereno
macché!
a che ti serve …?
servire
mezz'ora in più
avvelenato
il mezzo pubblico

⑥

avere problemi di peso
la tosse

⑦

il sindaco
il **cavallo**
piuttosto formale
indossare
a disposizione
partecipare
la missione spaziale
il portafogli
senza alcuna informazione
il proprietario

⑧

l'amministrazione comunale
rendere efficiente il servizio pubblico
il **cittadino**
la demagogia
essere dell'idea
il **comune**
impegnarsi
povero
eleggere
poveretti!
stare aggrappato a qc.
migliorare
il **servizio**
quanto sei ingenua!

⑨

morire di fame
morire
crescere
la foca
sexy
vestirsi
far ridere i polli
l'aspetto
distinto
il vagabondo
intellettuale
la gru

⑩

goloso
lo zabaione
su misura

⑬

di pessimo umore
la villetta
ancora peggio
sarebbe il meno
spaventare
prendersela comoda

⑭

il mese invernale
più a rischio
la giunta
la diossina
l'**aria**
«auto razionate»
lo smog
rispolverato
la cantina
la misura
efficace
costringere
ritrovarsi con le spalle al muro
per colpa di ripetuti allarmi inquinamento
l'allarme (*m.*)
l'inquinamento
e degli assalti da più fronti di veleni
l'assalto
il fronte
il veleno
l'ozono
il benzene
in ordine di tempo
correre ai ripari più estremi
il doppio blocco settimanale delle auto private
entrare in vigore
nei mesi più fragili sotto il profilo della qualità dell'aria
fragile
sotto il profilo di
la **qualità**
il blocco
il provvedimento
popolare
correre il rischio
la **protesta**
il tracollo ambientale

il **coraggio**
introdurre
in via sperimentale
il litigio
appiedati
la polemica
il commerciante
infuriato
fare sul serio

(15)
la **legge**
la **via d'uscita**
il **governo**
la contaminazione
il disastro

(17)
noioso
arrogante
caotico

(18)
l'infinito passato
il divorzio
sentire il bisogno
il **bisogno**

(19)
spingere
salato
raddoppiare
la **benzina**
l'**uso**
diminuire
rendere gratuiti i trasporti pubblici
limitare
la circolazione dei veicoli privati
il veicolo
munire
il parchimetro
la **zona pedonale**
giudicare

LEZIONE 9

(1)
Ancora segui le diete?
Il segno zodiacale
il **segno**
riconoscersi
la stella
il Toro
il gourmet
i Gemelli
il Leone
il Sagittario
inventare
segno per segno
l'influsso
il pianeta
l'Ariete — Ram
la personalità dominatrice
il cibo
sostanzioso
sostenere ritmi incalzanti — ... urgent/insistent
il **pasto**
disordinato
ai fornelli
il fornello — (gas) ring
pretendere — demand/require
il cuoco
provetto — skilled
trattarsi
il re
curioso
meno che
al massimo
l'uovo al tegamino
rischiare
bruciare
essere disponibile — to be helpful
improvvisare
il Cancro
romantico
affettuoso
cancerino
dedicare
la disponibilità
mettersi a dieta
portare a termine
farsi sorprendere

voler dire
non badare a spese
la **spesa**
abbondanza
la Vergine
parsimonioso
la formica
lo spreco
la **linea**
l'aspetto
nutrirsi
la Bilancia
sminuzzare
la briciola
impastare
la traccia
la farina
tendere
la razionalità
la precisione
piuttosto che
lo Scorpione
maldestro
eccessivo
talmente … che …
attraenti
passarci sopra
indifferente
resistere
il Sagittario
considerarsi
il pioniere
la **scoperta**
gastronomico
il Capricorno
il programmatore
il ricettario
avere uno stomaco di ferro
lo **stomaco**
il ferro
quel che passa il frigorifero
l'Acquario
si va da un estremo all'altro
addirittura
essere assorbiti da un'attività
coinvolgere
l'**artista**
attendere
l'ispirazione
fantasioso
la creatività
i Pesci
sopraffino
il buongustaio
rivelare senso pratico
ricavare
di tutto rispetto

(3)

di preciso
per motivi di salute
per motivi estetici
prevedere

(4)

la pancetta
il prete

(5)

rinnovare
sistemare
mettere da parte

(6)

osservare una dieta rigorosa
sano
in forma
la ginnastica
l'unico che si ritrova con questo po' po' di circonferenza
mica sei un ragazzino!
mica

(7)

concordare
cieco
geloso
incostante
permaloso
sordo
fino in fondo
alzare la voce

(8)

essere disposto a …

(9)

piccolo galateo della salute
qualunque

lo stile alimentare
opportuno
concentrarsi
abbondare
esteticamente
piacevole
masticare
assaporare
la trasgressione
ideale
il senso di colpa
il **rapporto**
coincidere
avere cura di qc.
sostanzioso
la colazione a base di frutta
in eccesso
mettere in programma
un paio di giorni salutisti

(10)

sopraindicato
rispettare
l'**errore**
commettere
frequentemente

(11)

il carabieniere
uccidere

(12)

l'anniversario
venire a trovare
tenere il gatto

(13)

fare le ultime spese
avere la pretesa di ...
stare antipatico
antipatico
non Le resta che
inventarsi una scusa
prescrivere
rigoroso

(14)

il manager
il direttore vendite
l'industria

l'elettrodomestico
magro
la **pancia**
avere la pancia pronunciata
non c'è da meravigliarsi
meravigliarsi
ingrassare
in effetti
è un incallito sedentario
i chili in più
il calo di tono
vivere
riflettere
ammettere
sul piano personale
limitare
il timore
la svolta
negativo
essere colto
la crisi depressiva
il dietologo
ritrovare
la **forma**
l'**energia**
clamoroso
principale
saltare la prima colazione
piuttosto frugale
saltuariamente alternato
impegnativo
di pessimo umore
abbondante
riposo notturno
digerire
conclusione:
la mancata colazione
condizionare
in negativo
giustificarsi
pronto
affrontare
consumare
il panino frettoloso
moderato
il **rischio**
professionale
distogliere
il proposito

sfuggire
il tranello
impostare il pranzo
la crema di verdure
il passato di verdura
l'ortaggio
suggerire
quantità a parte
il **grasso**
tenere occupato
l'apparato digerente

⑮

sinfonico
lirico
la pipa

⑰

l'abitudine alimentare

LEZIONE 10

①

la partecipazione
la bomboniera
l'auto a noleggio
il ricevimento
la **guida**
utile
emozionato
annunciare
il testimone
la cerimonia
la meta
il viaggio di nozze
l'**inizio**
il certificato
l'**invitato**
la **spesa**
sostenere spese
storcere il naso
festeggiare
il matrimonio va festeggiato
alla grande
celebrare
la coppia
scambiarsi le fedi
la fede
la cornice
la **chiesa**
il banchetto
indimenticabile
il giro d'affari intorno agli sposi
il giro d'affari
superare
miliardo
fare un po' di conti
la **lista**
voce per voce
il prezzo minimo
il prezzo massimo
l'acconciatura
il **parrucchiere**
il bouquet
la carrozza

②

con sufficiente anticipo
il **documento**
l'anagrafe
il certificato di battesimo
la cresima

④

confidarsi con qn.
la permanente
tagliare
le mèches
affittare
noleggiare
rinfresco
condividere
la **scelta**

⑤

è una cosa, guardi
la novità
sposarsi in comune
che male c'è?

⑦

ripensare
il risparmio

⑪

peccato!

⑫
assillare
il **regista cinematografico**
amareggiato
avviato
lo studio legale
l'aspettativa
subentrare in qc.
la delusione
studioso
ribelle
autorità
avere simpatia per qn.
essere scuro in volto
il volto

⑬
il diario
la narratrice
la convivenza
sobrio
entrare in guerra
per ragioni di sicurezza
rifugiarsi
il palazzo nobiliare
cupo
pesante
la **luce**
scarso
sinistro
sentirsi stringere il cuore
il **cuore**
da appena sei mesi
appena
lo **stato**
lo smarrimento
distrarre
un giorno sì e uno no
entrambi
la **passione**
arroccato
il cocuzzolo
il presepe
rasserenarsi
l'insetto
il mucchio
le scienze naturali
lo devo a lui
dovere
il termine
riprendere
la domestica
la faccenda
borghese
programmare
per il resto
percorrere
avanti e indietro
con passo furioso
il **pensiero**
fare chiarezza
amare
l'abbaglio
provare
la tenerezza
l'**amore**

⑭
il passato remoto
la letteratura
il paragrafo
il seguito

⑰
avere una fame da lupo

⑰
l'autrice
attento
l'osservatrice
il pregio
il difetto
sul piano di
il punto di vista
il costume

⑱
il pregiudizio
il connazionale
rassomigliare

LEZIONE 11

①
il furto
digiunare
il **ladro**
il cagnolino
intenerirsi

il maltolto
di fronte a
la disperazione
il **dolore**
la vicenda
insolito
il bottino
la banda
manolesta
commuoversi
il digiuno
il volpino
la razza
rubare
consueto
il guinzaglio
essere sufficiente
la distrazione
approfittare
afferrare
il quattrozampe
la zampa
sparire
sporgere denuncia
la denuncia
nonostante
la ricerca
la traccia
temere
l'opera
appartenere
pregiato
numeroso
piombare
vero e proprio
la depressione
semplice
rappresentare
rappresenta un punto fermo
l'**affetto**
irrinunciabile
preoccupato
la prospettiva
ricoverare in ospedale
l'ospedale
tramite
lanciare un appello
accorato
valere
il ricavato
la felicità
legato

③
abbandonare
augurarsi
lasciarsi intenerire

④
invivibile
indescrivibile
inabitabile
indimenticabile
illegibile
irresistibile
immangiabile
irripetibile
impresentabile
inaccettabile
subire un cambiamento
il cambiamento

⑤
affezionato
possedere

⑥
il **portiere**
svolgersi
verificarsi
il terrazzo condominiale
calarsi con una fune
la fune
il **vetro**
l'argenteria
il **quadro**

⑦
prima che
preoccupante

⑧
la fuga di gas
il **gas**
l'impianto di riscaldamento
esplodere
la conduttura dell'acqua
il principio di incendio
l'incendio

la gravità
grave

(9)

difendersi
proteggere
l'angoscia
continuo
assente
diminuire
l'accorgimento
accertarsi
la tapparella
abbassato
chiudere a chiave
la porta blindata
provvisto di
la serratura di sicurezza
la serratura
applicato
a meno che non
l'oggetto di valore
a portata di mano
nascondere
il libretto di risparmio
custodire
la cassaforte
assentarsi
depositare
la cassetta di sicurezza
la persona di fiducia
la **fiducia**
svuotare
la cassetta delle lettere
lo spioncino
lo sconosciuto
fidarsi

(10)

l'espressione impersonale
reggere

(11)

la norma
ritenere
indispensabili

(12)

la riunione di condominio
l'avviso
mettere d'accordo
collettivo

(15)

la **preoccupazione**
il rimedio

(16)

il mago dello scippo
il mago
lo scippo
sfoggiare
il brillante
il **segreto**
svelto
nel suo campo
il **campo**
il professionista
valutare
calcolare il rischio
calcolare
lo scippatore
una signora troppo attaccata alla sua borsa
il poliziotto
svelto
è finito così in questura stretto fra due «falchi»
la Questura
il falco
in borghese
antiscippo
raro
noto
la squadra mobile
il rione
il compare
procurarsi
la **discoteca**
il pub
notare
la **candela per l'avviamento**
frantumare
afferrare
appoggiato
la vittima
avere i riflessi pronti
allungare una mano
il manico

resistere agli strattoni
lo strattone
secondi preziosi
piombare addosso a qn.
caricare
sino a
solito
l'iter (*m.*)
l'identificazione (*f.*)
l'interrogatorio
il verbale
lo scricciolo
con i capelli a spazzola
la spazzola
non si è scomposto
scomporsi
venire a recuperare
venire a riprendere
indifferente
come se
denunciare
l'evasione scolastica
inviare
la relazione
il tribunale dei minori
sottrarre alla potestà dei genitori
toccarsi
il brillante
infilato al dito
voltarsi

(18)

l'asino
la civetta
il coniglio
la lumaca
il mulo
l'oca
il pavone
il pollo
il rospo
la vipera
la volpe
stupido
astuto
un cattivo **studente**
pauroso
testardo
cogliere l'occasione
offendere qn.
farsi ingannare

(19)

truccato
imbarazzato
arrogante
sicuro di sé
la sala operatoria

(20)

subire

(21)

la ballata
il **successo**
rendere famoso
il cantautore
il cabarettista
la storia illustrata
l'**aiuto**
il drago
passare guai
fiutava che aria tira
fiutare
sgobbare
occhio!
la lambretta
fingere di
montare
che rogna nera
la pantera
e lo beve la madama
la madama
manomesso
il raggio
il processo
venire fuori
s'è beccato un bel tre mesi
beccarsi
il giudice
il fervorino
è uscito col condono
il condono
il tipo duro

(22)

simulare

LEZIONE 12

①

raffreddato
Siamo spiacenti — . to be sorry sorry
paradossale
l'ironia
l'invenzione (*f.*)
letterario
il **medico**
ideale
mai che ...
accurato — careful
la **visita**
non andiamo niente bene
la sincerità
perciò — so / for this reason
il **dovere**
imporsi
rigoroso
il regime di vita
di ferro
il veleno
neanche sentirne parlare
il **vitto**
basarsi
il salume
la selvaggina
la paprica
la mostarda
tutt'al più
di quando in quando
in quanto a ...
dolere
vanno banditi
bandire
rassegnarsi
il toccasana
l'aspetto
l'**attività**
quotidiana
la notte bianca
pretendere
di altro genere
qui sta la base di...
la guarigione
il rimedio
farsi una ragione
darci dentro
un medico simile
simile
prescrivere
proibire

②

miracoloso
la democrazia

③

fare la spesa
rifare il letto

④

scioccare
condire
l'aceto balsamico

⑥

starnutire — to sneeze
essere allergico a ...
il polline
la fragola
la formaldeide
la **polvere**
lo spray
il **fazzoletto**
il **mal di testa**
la vertigine
la nausea
il **mal di stomaco**
lo **stomaco**
mangiare roba in scatola
mangiare in bianco
soddisfatto
la **cura**
andare avanti a tentativi
l'effetto collaterale — side effects
l'analisi (*f.*)
convinto

⑦

curarsi
la medicina tradizionale
la terapia
alternativo

⑧

l'attacco d'asma
terribile

il **pronto soccorso**
il cortisone
al che
la pastiglia
capirci qc.

⑨
ammalarsi
ubriacarsi

⑩
l'agopuntura
la chiropratica
la fitoterapia
la pranoterapia
lo shiatsu
l'osteopatia
l'ayurveda
la naturpatia
la reflessologia
la **medicina**
la cifra
i dati
fornito
l'operatore (*m.*)
il settore
affidarsi
il malanno
il fisioterapista
che utilizzano metodi di cura
utilizzare
distribuire
il prodotto
omeopatico
che producono un giro d'affari pari a 1000 miliardi di Lire
pari a …
il campo
furoreggiare
la moda passeggera
la frontiera
il **motivo**
il ricorso
fare uso
naturale
dannoso
la risorsa
guarire
la medicina ufficiale
puntare
prevenire
praticare
il paziente

⑪
fare ricorso

⑫
l'aspetto

⑬
soddisfare
stenografare

⑭
competente
essere del parere
il **parere**
il rimedio
l'allergia

⑮
avvisare
mettersi a …

⑯
il **risultato**
fare passare
l'analgesico
il **disturbo**
provocare
il timore
dipendente
scettico
la seduta
rivolgersi a qn.
poverino!
insistere
rifiutare
ultimamente
efficace
agire
il **malato**
massaggiare
la pianta del piede
il **punto**
l'organo
secondo i principi
intervenire

la **zona**
la pressione
eseguire
inspirare
espirare
lentamente
riattivare
la mappa
dettagliato
segnalare
sollecitare
migliorare
il funzionamento
il cervello
il polmone
il **cuore**
il rene
l'intestino tenue
l'intestino
l'osso sacro
l'osso
il tronco inferiore
la vescica

(17)

la guerra
lo stress
senza alcun dubbio
l'argomento
tanto che
il convegno
il simposio
il dibattito
al punto che ...
a forza di parlarne
riguardare
il giovane rampante
considerare
il senso di disagio
dimostrare
il rapporto
la cardiopatia
la gastrite
l'ulcera
la malattia infettiva
i più colpiti
stressato
stressarsi
sfibrante

la preparazione
l'interrogazione
la femmina
il maschio
il rapporto sessuale
il **Paese**
quanto a ...
colpire (isc)
la consequenza
la **salute**
la **causa**
il punteggio
la **situazione**
di frequente
presentarsi
di rado
corrispondere
la **conversazione**
distrarsi
il **foglio**
la figura geometrica
fuori posto
notare
al volo
superefficiente
impiegare il tempo
rilassato
di continuo
contraddire
avere la meglio
sommare
vario
la tensione
essere in grado di ...
affrontare
superare
la serenità
possedere
il filtro
potente
considerare
equilibrato
pur essendo sottoposti a ...
essere sottoposto
la capacità
contrastare
di grande portata
potenziare
la capacità di difesa

la tecnica di rilassamento
l'attività fisica
accusare sintomi di stress

⑱
Che rimedi adottate ...?

LEZIONE 13

①
Se me l'avessi detto prima ...
essere seduto
rimproverare

②
maledetto

③
farsi sentire

④
prendere spunto
l'avvenimento storico
vicendevolmente
a. C. (= avanti Cristo)
fondare
la lingua neolatina
uccidere
i Normanni
conquistano
scoprire
iniziare
la Rivoluzione Francese
inventare
la lampadina
elettrico
la penicillina
cadere
il **muro**

⑤
la mezz'ala
la Nazionale Italiana di calcio
segnare un gol
il gol
la finale della Coppa del Mondo
fermare
lo spogliatoio
l'ala destra
slacciare
riallacciare
battere i tacchetti
tenere la testa rovesciata all'indietro
tenere le mani aggrappate a due attaccapanni
l'attaccapanni (*m.*)
accennare ad alzarsi
la scena
urlare
il pugno chiuso
il pugno
le gambe a mille
la faccia da pazzo
tirare giù
con quell'orgasmo dentro
lo **stadio**
scuotere il capo
la linea di fondo
il calciatore
il **campo**
vendere

⑥
la forma colloquiale
semplificare
la forma ipotetica

⑦
il **calcio**
la partecipazione
generare entusiasmo
l'entusiasmo
praticare uno sport
lo spettatore

⑧
senti chi parla!
e dagli!
benchè
indispensabile
figurati!

⑨
per forza
restarsene

⑩

piacevole
generose
tornasene
anzi
lasciare tranquillo
buon divertimento!
il **divertimento**

⑭

la macchina non vuole saperne di partire
fare benzina
essere a posto
non farci caso
fare storie
superficiale

⑮

il **secolo**
la commedia
rappresentare
La locandiera
sedurre
dichiararsi
il nemico
l'atto
la scena
eccellentissimo
il marchese
eppure
non so che farne
fare il cascamorto
mi esibiscono di sposarmi
rustico come un orso
trattare
sì bruscamente
questi è il primo forestiere
capitato
la locanda
trattare
non dico che tutti in un salto s'abbiano a innamorare
innamorarsi
disprezzare
è una cosa che mi muove la bile
terribilmente
per l'appunto
mi ci metto di picca
la nobiltà non fa per me
la nobiltà
la ricchezza
stimare
vagheggiata
adorata
la debolezza
maritarsi
onestamente
la libertà
voglio burlarmi di tante caricature d'amanti spasimanti
usar tutta l'arte
abbattere
conquassare
barbaro
duro
produrre

⑯

sostenere
fare a meno di qc.
adatto
fare male

⑰

tavolta
non potere soffrire

LEZIONE 14

①

Ma è roba da matti!
denunciare
indisciplinato
il richiamo
il **controllore**
il capotreno
bloccare
il convoglio
fin quando
portare via
prendere a ...
insultare
il ferroviere
il mugugno

il pendolare
la denuncia
l'interruzione
il pubblico servizio
riprendere
la marcia
diretto a ...
il treno locale
collegare
essere a metà del tragitto
all'altezza di ...
classificato
valere
il muratore
resistere
ripassare
sbuffare fumo
la legge
far rispettare
fare finta di ...
la discussione
accendersi
intervenire
mettere mano a ...
il registro delle multe
succede il parapiglia
il capostazione
la Polfer (polizia ferroviaria)
rispondere di ...
la minaccia

②
severo
chiudere un occhio
consentito

⑤
per forza!
fare una litigata
il cretino
mancarci poco
c'è mancato poco che gli mettessi le mani addosso
mettere la mani addosso a qn.

⑥
la **scala**
essere assalito
mordere
la rotaia del tram
finire sotto una macchina
prendere la scossa
il fon
restarci secco
scivolare
battere la testa

⑦
girare

⑨
assicurare

⑪
non poterne più di qc.
il ciarlatano
non fare che piangere

⑫
ciascuno
evviva!
sporcare
il sostenitore
l'iniziativa
il degrado
sputare
fare la pipì
la panchina
seminare
la siringa
la pubblica amministrazione
folto
l'erbaccia
lo sterpo
educato
in pubblico
l'**ambiente**
spingere
malmenare
il prossimo
il gestaccio
la boccaccia
strombazzare
il consenso
ignorare
la richiesta
trascurare

⑬
incivile
il decalogo

⑭
l'arroganza
pazzesco
avere a che fare con qn.
il maleducato
fare presente a qn.
essere fortunato
cavarsela a buon mercato
nel frattempo
radunarsi
graffiare
meritarsi

⑲
il discorso diretto
il discorso indiretto
invariato

⑳
il principe
abbracciare
respingere
pretendere
l'infanzia
il corpetto
azzurro pallido
il cuore le veniva attanagliato
con la compitezza puntigliosa di chi si sente in colpa
sentirsi in colpa
equamente
la facezia
animalescamente
sentiva la corrente di desiderio che scorreva dal cugino verso l'intrusa
l'intruso
aggrapparsi
il **particolare**
notare
la grazia
volgare
il mignolo
levato in alto
il neo
rossastro
la **pelle**
il **tentativo**
represso a metà
vivacemente
la durezza di spirito
insignificante
bruciati dal fascino sensuale
fiducioso
disperato
precipitato
la grondaia
il piombo
disgustarsi
dinanzi a
la traccia
palese
l'educazione (*f.*)
ahimè

㉑
il dettaglio
a prima vista
pura forma
macchiarsi
il galateo
ammesso
lo stuzzicadenti
precedere
viceversa
logico

LEZIONE 15

①
Come si dice computer in italiano?
Non v'è chi oggi non pronunci ... parole straniere
pronunciare
sfoggiare
la **conoscenza**
l'infarinatura
il vocabolo
ricorrere
essere presente
l'acquisto
la sala esposizione
sito

dirimpetto
coltivare un sentimento
stabilire un 'feeling'
il convivente
la scampagnata
l'entroterra (*m.*)
il tagliando
la quota
esimio
impagabile
il superburocrate
imporre
il termine
sin da ...
la bambina
il dirigente
bensì
aziendale
il ricambio
procurarsi
il soggiorno di studio
il trattenimento
la registrazione
il **soldato**
presidiare posti
il posto di blocco
il professionista
il dilettante
considerarsi
all'infinito
colpevole
la tolleranza
il narcisimo
l'operatore
dell'informazione
stampata e televisiva
causare
pedissequo
la ripetizione
il significato
travisato
ebete
l'intercalare
il pleonasmo
evolversi
frapporre
l'ostacolo
colonizzare

③
abusare

④
la **presenza**
il politico
oscuro
il rischio
il dilagare

⑥
il **sapone**
la miscela
il panino imbottito
abbrustolito
accidenti!
l'obiettivo
la **sosta**
il rifornimento
il ristoro

⑦
la tribuna politica
il linguaggio
la mancanza di chiarezza
indegno
indecoroso
anzitutto
esteticamente
ricavato
ricalcato

⑧
rendersi conto di ...

⑨
coprire
lo **spazio**
la **scelta**
essere costretto a ...
convincere

⑩
il burocratese
illustre
il filosofo
il discepolo
dividersi
la categoria
il matematico
l'acusmatico

possedere (posseggo)
la **conoscenza**
rispettare
non contare nulla
ciò premesso
l'estraneo
da oggi in poi
ovvero
in presenza
parlare per codici
incomprensibile
conservare il potere
il potere
non farselo dire due volte
inventarsi
ipso facto
il primo linguaggio
per addetti ai lavori
l'**allievo**
tale
tradire
mettersi a ...
divulgare
il **segreto**
la setta
per la cronaca
il numero irrazionale
ebbene
fare strada
colpito dalle maledizioni di Pitagora
naufragare
il miglio
disperatamente
prendere il largo
accademico
il divulgatore
considerare
il traditore
la categoria
degno di disprezzo
degno
il disprezzo
il passo è breve
resosi conto
rendersi conto
l'incomprensibilità
conferire
adeguarsi
il neologismo
atto a ...
gettare il cittadino nel più nero sconforto
all'ora stabilita
l'altoparlante (*m.*)
annunziare
l'inconveniente
è da attribuire al ritardo arrivo dell'aeromobile
è solito dire
limitarsi a dire
il comune mortale
con ogni probalità
rifilare
il colera
il mitilo
pronunziare
la **febbre**
la **temperatura**
corporeo
ritenere
misurare
che lo ha chiamanto a fare?
aumentare
il prestigio
il limite
il sadismo
significativo
far bella mostra di sé
il cartello
la **scritta**
stazionamento per auto pubbliche a trazione ippica
la carrozzella
trascinare
in un'ora di massimo ascolto
turpe
dargli un calcio nelle zone restrostanti
il calcio
il culo

⑬

l'**avviso**
a causa di
il linguaggio oscuro
la riforma
la lingua amminitrastiva

⑭
l'influenza ______
il dialetto ______
risultare ______
la rilevazione ______
la diffusione ______
suddetto ______
attendibile ______
avvenire ______

⑮
la frequenza ______
rimpiangere ______
finire per scomparire ______

⑯
riportare ______
il nome d'arte ______
celebre ______
l'attore teatrale e cinematografico ______
popolarissimo ______
la comicità ______
la mimica ______
irresistibile ______
il gioco di parole ______
il nonsense ______
divenuto ______
proverbiale ______

⑰
la **traduzione** ______
la carezza ______
il beccuccio ______
il pizzicotto ______
il canarino ______
il cardellino ______

GLOSSARIO

Elenco parole in ordine alfabetico

Il primo numero (in grassetto) indica la lezione, il secondo l'attività.
Le parole contrassegnate con la lettera **r** compaiono nella lezione «Ricominciamo».

a

a 12 corde **1** 5
a base di **9** 9
a ben pensarci **4** 13
a causa di **15** 13
a compensare **8** 1
a contatto con **7** 17
a disposizione **8** 7
a forza di ... **12** 17
a lungo **4** 13
a meno che non **11** 9
a pagamento **7** 17
a portata di mano **11** 9
a prima vista **14** 21
a quanto ... **3** 7
a quel punto **1** 10
a trazione ippica **15** 10
a tutta birra **5** 1
a ... anni **7** 20
abbaglio **10** 13
abbaiare **6** 7
abbandonare **11** 3
abbassato **11** 9
abbattere **13** 15
abbeveraggio **2** 9
abbondante **9** 14
abbondanza **9** 1
abbondare **9** 9
abbracciare **14** 20
abbracciati **7** 1
abbrustolito **15** 6
abitazione **6** 13
abituale **7** 17
abitudine **r** 6
abitudine alimentare **9** 17
abusare **15** 3
accademico **15** 10
accendersi **14** 1
accennare a ... **13** 5
accento **3** 13
accertarsi **11** 9
acceso **r** 3
accettabile **5** 14
accidenti! **15** 6
accomunare **r** 4
acconciatura **10** 1
accorato **4** 13/ **11** 1
accorciare **5** 1
accorgersi **1** 16
accorgimento **11** 9
accrescere **r** 3
accurato **12** 1
accusare **12** 17
aceto balsamico **12** 4
acquario **7** 17
Acquario **9** 1
acquisto **15** 1
acusmatico **15** 10
adatto **13** 16
addetto ai lavori **15** 10
addirittura **9** 1
adeguarsi **15** 10
adorato **13** 15
adottare un rimedio **12** 18
adriatico **2** 15
aeromobile **15** 10
affare **6** 8
affascinante **2** 7
afferrare **11** 1
affetto **11** 1
affettuoso **9** 1
affezionato **11** 5
affidarsi **12** 10
affittare **10** 4
affollare **2** 2
affollato **7** 16
affresco **2** 2
affrettarsi **4** 17
affrontare **9** 14/ **12** 17
agenda **3** 7
agente **5** 1
agevolare **5** 11
aggrapparsi **14** 20
agire **12** 16
agitato **7** 16
agognato **8** 1
agopuntura **12** 10
ahimé **14** 20
ai miei tempi **7** 5
aiuto **11** 21
aiuto bagnino **7** 17
al che **12** 8
al di là di **2** 9
al massimo **9** 1
al punto che ... **12** 17
al volo **12** 17
ala destra **13** 5
alcunché **8** 1
alla fine **1** 16
alla grande **10** 1
allacciare **5** 10
allagamento **5** 18
allarme **8** 14
alle soglie di ... **7** 17
allergia **12** 14
allievo **15** 10
allo stesso modo **7** 20
alloggiare **3** 7
allontanarsi **5** 10
allungare una mano **11** 16
allungarsi **3** 13
all'altezza di ... **14** 1
all'aperto **6** 8
all'indietro **13** 5
all'infinito **15** 1
all'ora stabilita **15** 10
alternativo **5** 14
alternato **9** 14
altitudine **2** 2
alto **4** 17
altoparlante **15** 10
altopiano **2** 9
altruista **7** 9
alzare **3** 13
alzare la voce **9** 7
amante spasimante **13** 15
amare **10** 13
amareggiato **10** 12
amato **2** 15
ambientarsi **6** 5
ambiente **14** 12
ammaccarsi **5** 12
ammalarsi **12** 9
ammalato **3** 15
ammesso **13** 21
ammettere **9** 14
amministrazione comunale **8** 8
amore **10** 13
ampio **2** 9
anagrafe **10** 2
analgesico **12** 16
analisi **12** 6
ancora peggio **8** 13
andar bene **3** 13/ **7** 17
andare a sbattere **5** 13
andare a trovare **5** 6
andare avanti **1** 16
andare avanti a tentativi **12** 6
andare da un estremo all'altro **9** 1
andare sui pattini **6** 8
andare via la corrente **1** 6
andarsene **1** 2
anello **1** 1
anello navigabile **2** 1
anfiteatro **2** 11
angoscia **11** 9
animale **7** 17
animalescamente **14** 20
animatrice **7** 17
anniversario **9** 12
annotazione **1** 19
annunciare **10** 1
annunciare uno sciopero **7** 1
annunziare **15** 10
anteriore **5** 6
anticipare **5** 11
antico **2** 2
antipatico **6** 8
antiquato **7** 2
antiscippo **11** 16
anzi **13** 10
anziano **r** 3
anziché **7** 12
anzitutto **15** 7
apparato digerente **9** 14
appariscente **1** 13
appartato **2** 9
appartenente **8** 1
appartenere **7** 17
appassionante **4** 1
appena **3** 7/ **10** 13
appendere **6** 13
appiedati **8** 14
applicare una sanzione **5** 10
applicato **11** 9
appoggiato **11** 16
apprensivo **4** 7
approdo **2** 1
approfittare **11** 1
approfittare dell'occasione **2** 8
appunto **4** 1
Aquilano **2** 9
argenteria **11** 6
argomentare **7** 20
argomento **6** 8/ **12** 17
aria **8** 14
Ariete **9** 1
arrabbiarsi **7** 8
arrampicarsi **5** 14
arrivare a vietare **5** 14
arroccato **10** 13
arrogante **8** 17
arroganza **14** 14
artificiale **2** 1
artigianato **2** 9
artista **9** 1
artistico **r** 3
asino **11** 18
aspettarsi **7** 9
aspettativa **10** 12
aspetto **4** 17/ **9** 1
aspetto fisico **1** 9
assalto **8** 14
assaporare **9** 9
assentarsi **11** 9
assente **11** 9
asserzione **6** 10
assicurare **14** 9
assillare **10** 12
assistere **3** 15/ **5** 5/ **7** 1
assunto **7** 16
astronomo **3** 15
astuto **11** 18
atmosfera **3** 17
attaccapanni **13** 5
attaccare i bottoni **7** 19
attaccato a qc. **11** 16
attacco d'asma **12** 8
attanagliare **14** 20
attendere **9** 1
attendere in linea **3** 3
attendibile **15** 14
attento **10** 17
attività **9** 1/ **12** 1
attività fisica **12** 17
atto **13** 15
atto a ... **15** 10
atto scandaloso **7** 1
attore teatrale e cinematografico **15** 16
attraenti **9** 1
aula **7** 1
aumentare **15** 10

b

c

colpevole **15** 1
colpire **12** 17
colpito da qc. **15** 10
coltivare un sentimento **15** 1
combinazione **7** 7
come al solito **7** 1
come del resto **5** 14
come mamma **6** 8
come se **11** 16
come si dice ...? **15** 1
come si fa a ...? **4** 17
comicità **15** 16
commedia **13** 15
commentare **7** 17
commerciante **8** 14
commettere **9** 10
commissionare **8** 1
commovente **4** 1
commuoversi **11** 1
compact **4** 12
compare **11** 16
competente **12** 14
compitezza **14** 20
comportamento **4** 20
comportarsi **2** 6/ **7** 4
composto di **6** 7
comprensivo **7** 15
compreso **2** 9
compreso tra **8** 1
comune **8** 8
comune mortale **15** 10
comunemente **r** 3
con il collo alzato **1** 7
con la scusa **7** 16
con passo furioso **10** 13
con sufficiente anticipo **10** 2
con un occhio diverso **2** 2
conca **2** 1
concentrarsi **6** 7/ **9** 9
concludere **2** 13
conclusione **9** 14
concordare **3** 4/ **9** 7
condire **12** 4
condivedere **10** 4
condizionare **9** 14
condizione **1** 16/ **3** 10
condominio **6** 8
condono **11** 21
condurre in giro **3** 13
conduttura dell'acqua **11** 8
conferire **15** 10
confidarsi con **10** 4
confortevole **2** 9
conforto **7** 17
confrontare **3** 18
congedarsi **3** 6
congenito **8** 1
congiuntivo **6** 9
coniglio **11** 18
connazionale **10** 18
cono gelato **2** 15
conoscenza **7** 17/ **15** 1/ **15** 10
conquassare **13** 15
conquistare **2** 15
consapevole **r** 3
consegnare **2** 1/ **3** 15
conseguenza **1** 17
consenso **14** 12
consentito **14** 2
conservare il potere **15** 10
conservato **2** 11
considerare **12** 17/ **15** 10
considerarsi **9** 1/ **15** 1
considerazione personale **7** 10
consiglio di facoltà **3** 12
consistere in ... **3** 13
consolare **1** 16
consolarsi **7** 17
consueto **11** 1
consultarsi **r** 1
consumare **2** 7/ **9** 14
consumo **4** 17
contaminazione **8** 15
contenuto **4** 1
continuo **11** 9
contraddire **12** 17
contrastare **12** 17
contrasto **2** 2
contro **r** 3/ **2** 15
controbattere **7** 17
controllore **14** 1
convegno **12** 17
conversazione **12** 17
convincere **4** 8
convinto **12** 6
convinzione **6** 13
convivente **15** 1
convivenza **10** 13
convoglio **14** 1
copia di giornale **4** 16
copisteria **3** 10
coppia **10** 1
coprire **15** 9
coraggio **8** 14
coraggioso **1** 13
corallo **1** 5
corda **6** 13
cordiale **6** 7
coricarsi **6** 8
corna **6** 13
cornetta del telefono **3** 13
cornice **10** 1
corpetto **14** 20
corporeo **15** 10
corrente di desiderio **14** 20
correre **5** 1/ **6** 13
correre ai ripari **8** 14
correre il rischio **8** 14
corridoio **3** 13
corrispondere **12** 17
corrispondere al giudizio di.. **5** 14
corsia **5** 1
corsia di emergenza **5** 5
corsia di sorpasso **5** 1
cortese **3** 4/ **6** 7
cortesia **2** 5
cortisone **12** 8
cosa antipatica **7** 3
cosiddetto **r** 3
costringere **4** 13/ **8** 14
costume **10** 17
costume da bagno **4** 5
cozzare **2** 15
creare **3** 15
creare schiamazzo **6** 8
creatività **9** 1
crema di verdure **9** 14
crescere **6** 8
cresima **10** 2
cretino **14** 5
crisi depressiva **9** 14
criterio **2** 9
cross **2** 9
cucire **7** 19
culo **15** 10
cultura **4** 16
culturale **2** 11
cuoco **9** 1
cuore **4** 13/ **12** 16
cupo **10** 13
cura **3** 13/ **4** 6/ **7** 20
curare **5** 14
curarsi **12** 7
curiosità **7** 17
curioso **9** 1
custodia **4** 12
custodire **11** 9

d

da allora **4** 17
da entrambe le parti **6** 8
da oggi in poi **15** 10
da quelle parti **1** 16
da queste parti **6** 4
dall'interno **1** 6
danneggiare **5** 10
dannoso **12** 10
darci dentro **12** 1
dare la precedenza **5** 7
dare retta **6** 8
dare un calcio **15** 10
dare un colpo di telefono **3** 11
darsena **2** 1
darsena fluviale **2** 1
darsi un gran da fare **7** 17
dati **12** 10
dato **3** 13
dato di fatto **7** 10
dattilografa personale **3** 13
davanzale **7** 1
davvero **4** 17
debole **7** 6
debolezza **13** 15
decalogo **14** 13
decisione **1** 17
dedicare **9** 1
definire **4** 1
definitivo **5** 10
definito **3** 13
degno **15** 10
degno di disprezzo **15** 10
degrado **14** 12
del tutto **r** 3
delta **2** 1
delta del Po **2** 1
delusione **10** 12
demagogia **8** 8
democrazia **12** 2
dente **6** 8
denuncia **11** 1
denunciare **11** 16
depositare **11** 9
depressione **6** 8
desiderio **7** 12
dettagliato **12** 16
dettaglio **3** 13
deviare **5** 16
di altro genere **12** 1
di chi è ...? **5** 6
di continuo **12** 17
di ferro **12** 1
di frequente **12** 17
di fronte a **11** 1
di grande portata **12** 17
di pessimo umore **8** 13/ **9** 14
di preciso **9** 3
di quando in quando **12** 1
di rado **12** 17
di seguito **4** 17
di tutto rispetto **9** 1
dialetto **15** 14
diario **10** 13
diarrea **6** 13
dibattito **12** 17
dichiarare **4** 17/ **5** 1
dichiararsi **13** 15
dietologo **9** 14
difatti **2** 11
difendersi **7** 1
difetto **10** 17
differente **r** 3
differenza **7** 17
differenziarsi **r** 3
diffondersi **5** 14
diffusione **15** 14
diga **2** 15
digerire **9** 14
digiunare **11** 1
digiuno **11** 1
dilagare **15** 4
dilettante **15** 1
diminuire **8** 19/ **11** 9
dimostrare **12** 17
dinanzi a **14** 20
dintorni **2** 5
diossina **8** 14
dipende **7** 20
dipendente **12** 16
dipendere **3** 12
dipinto **2** 2
dire in giro **4** 7
diretto a ... **14** 1
direttore generale **7** 11
direttore vendite **9** 14
direzione obbligatoria **5** 9
dirigente **15** 1
dirigere il traffico **3** 15
dirimpetto **15** 1

ferroviere **14** 1
fervorino **11** 21
festeggiare **10** 1
fianco **5** 6
fiato **5** 1
fibra sintetica **2** 12
fidarsi **3** 5/ **7** 9
fiducia **11** 9
fiducioso **14** 20
figlio unico **7** 20
figura geometrica **12** 17
figurati! **13** 8
fila **1** 16
filosofo **15** 10
filtro **12** 17
fin quando **14** 1
finale **4** 13
finalista **4** 13
finché **1** 16
finché non **1** 16
fine **r** 3
finestrino **5** 11
fingere di **11** 21
finire in questura **11** 16
finire per scomparire **15** 15
finire sotto una macchina **14** 6
fino in fondo **9** 7
fiore **4** 4
firmare **3** 13
fisioterapista **12** 10
fisso **3** 17
fitoterapia **12** 10
fitto **4** 17
fiume **2** 1
fiutare **11** 21
flessibile **3** 17
fluviale **2** 1
foca **8** 9
focolare domestico **r** 3
foglio **3** 13
fogna **2** 15
folto **14** 12
fon **14** 6
fondamentalista **5** 14
fondare **13** 4
fonte **4** 16
forcella **5** 6
foresta **2** 9
forestiere **13** 15
forma **9** 14
forma colloquiale **13** 6
forma impersonale **2** 2
forma ipotetica **13** 6
forma sbagliata **7** 12
formaldeide **12** 6
formica **9** 1
formulare **r** 1
fornello **9** 1
fornire **5** 18
fornito **12** 10
foro **2** 11
fortuna **1** 16
fortunata **7** 17
fragile **8** 14
fragola **12** 6
frana **5** 18
frantumare **11** 16
frapporre **15** 1
frenare **2** 15
freno **5** 11
frequentato **2** 2
frequentemente **9** 10
frequenza **5** 17/ **15** 15
fretta **1** 16
frettoloso **9** 14
friggere **7** 19
frizione **5** 12
fronte (il) **8** 14
fronte (la) **r** 4
frontiera **12** 10
frugale **9** 14
fuga di gas **11** 8
fuggire **r** 3
fune **11** 6
funzionamento **12** 16
fuori posto **12** 17
fuori sede **3** 1
fuori stanza **3** 3
fuoristrada **2** 9
furbo **1** 13
furoreggiare **12** 10
furto **11** 1
futuro **3** 9

g

gabbia **3** 13
galateo **9** 9/ **14** 21
gamba **5** 6
gara di slalom **7** 19
gas **11** 8
gastrite **12** 17
gastronomico **9** 1
geloso **4** 1/ **9** 7
gemelli **4** 3
Gemelli **9** 1
generare entusiasmo **13** 7
genere **4** 18
generoso **13** 10
gentile **6** 7
geografia **2** 9
gerundio **2** 8
gestaccio **14** 12
gestire **2** 1
gettare addosso **6** 8
gettare qn. nello sconforto **15** 10
gettarsi **5** 14
giaccone da marinaio **1** 7
giallo **4** 17
giardino botanico **2** 2
ginnastica **9** 6
ginocchio **5** 6
giocare a pallone **6** 8
gioco di parole **15** 16
gioielliere **1** 1
giovane rampante **12** 17
girare **14** 7
giro d'affari **10** 1
giudicare **7** 1/ **8** 19
giudice **11** 21
giungere **2** 1
giunta **8** 14
giustificarsi **9** 14
gol **13** 5
gola **4** 13
goloso **8** 10
gomito **5** 6
gonfio **r** 3
gourmet **9** 1
governo **8** 15
graffiare **14** 14
granito **2** 15
grasso **9** 14
gratis **7** 17
grave **7** 1/ **11** 8
gravità **11** 8
grazia **14** 20
grazie a Dio **1** 16
grazie a ... **5** 14
grondaia **14** 20
grotta **2** 2
gru **8** 9
guai a parlarne! **7** 17
guaio **1** 16
guardarsi intorno **4** 17
guarigione **12** 1
guarire **4** 13/ **12** 10
guerra **5** 14/ **12** 17
guida **10** 1
guidare **2** 1/ **3** 13
guinzaglio **11** 1
gusto **4** 17

i

i chili in più **9** 14
i più colpiti **12** 17
ideale **9** 9
identico **7** 7
identificazione **11** 16
ignorare **6** 13/ **14** 12
illegibile **11** 4
illustrare **3** 13
illustre **15** 10
imbarazzante **1** 15
imbarazzato **3** 13
imbarazzo **4** 17
imbarazzo della scelta **2** 5
imbarcazione **2** 1
immaginare **3** 13
immagine (*f.*) **r** 3
immangiabile **11** 4
immediatamente **6** 13
immenso **2** 9
immerso **r** 3
immettersi **2** 1
impagabile **15** 1
impastare **9** 1
impavido **5** 14
impegnarsi **8** 8
impegnativo **9** 14
impianto di risalita **2** 9
impianto di riscaldamento **11** 8
impiegare il tempo **12** 17
implorare **4** 13
imporre **15** 1
imporsi **12** 1
importanza **7** 4
impossibile **1** 16
impostare **9** 14
impresa eroica **5** 14
impresentabile **11** 4
impressionare **3** 13
impronta **4** 12
improvvisare **9** 1
imprudente **1** 13
in anticipo **7** 11
in base a **2** 10
in borghese **11** 16
in caso di necessità **4** 7
in continua evoluzione **5** 14
in corsa **5** 1
in eccesso **9** 9
in effetti **9** 14
in forma **9** 6
in fretta e furia **1** 16
in negativo **9** 14
in ordine di apparizione **r** 4
in ordine di tempo **8** 14
in parte **2** 9/ **8** 1
in passato **6** 7
in picchiata **2** 15
in precedenza **4** 13
in presenza **15** 10
in prima persona **8** 1
in prossimità di 2 1
in pubblico **14** 12
in quanto a ... **12** 1
in realtà **2** 9
in secondo fila **1** 16
in stato confusionale **5** 1
in un salto **13** 15
in via sperimentale **8** 14
in volata **5** 14
in volo **r** 3
inabitabile **11** 4
inaccettabile **11** 4
incallito **9** 14
incendio **11** 8
incidente **5** 6
incivile **14** 13
incombenza **r** 3
incomprensibile **15** 10
incomprensibilità **15** 10
inconveniente **6** 13/ **15** 10
incoraggiare **7** 17
incorporeo **4** 13
incostante **9** 7
incredibile **1** 10
indecoroso **15** 7
indegno **15** 7
indescrivibile **11** 4
indicare **3** 13
indicazione **2** 2/ **4** 18
indifferente **9** 1
indifferenza **6** 13
indimenticabile **10** 1
indipendenza **7** 17
indirettamente **8** 1
indisciplinato **14** 1
indispensabile **13** 8

mignolo **14** 20
miliardario **8** 1
miliardo **10** 1
mimica **15** 16
minaccia **14** 1
ministero **3** 17
Ministero degli Esteri **6** 3
minorenne **7** 20
miracoloso **12** 2
miscela **15** 6
missione spaziale **8** 7
misura **8** 14
misurare **15** 10
mitilo **15** 10
mobilificio **3** 17
moda passeggera **12** 10
moderato **9** 14
modo di vivere **r** 3
mollare **8** 1
mondiali **5** 14
mondo **6** 8
monotono **3** 18
montare **11** 21
montuoso **2** 9
mordere **14** 6
morire **1** 10
morire di fame **8** 9
mostarda **12** 1
mostra **4** 17
mostrare **1** 1
motivare **3** 18
motivo **6** 1
motocicletta **5** 6
motore **1** 16
motorino **7** 17
mucchio **10** 13
mugugno **14** 1
mulo **1** 12
multa **1** 16
multato **5** 1
munire **8** 19
muovere la bile **13** 15
muoversi **1** 16
mura **2** 2
muratore **14** 1
muro **13** 4
musicista **6** 7
muso della macchina **5** 7
mutare **4** 17

n

napoletano **6** 13
narcisismo **15** 1
narrativa **4** 17
narratrice **10** 13
nascondere **11** 9
naso **r** 4
nastro **4** 13
Natale **1** 9
natura **2** 9
naturale **12** 10
naturopatia **12** 10
naufragare **15** 10
nausea **12** 6
nave **4** 1
navigare **2** 1
navigazione **2** 1
nazionale **4** 17
Nazionale Italiana di calcio **13** 5
nebbia **5** 18
negativo **9** 14
nei riguardi di qn. **6** 13
nel frattempo **14** 14
nemico **13** 15
nemmeno **3** 13
neo **14** 20
neologismo **15** 10
neppure **4** 17
neve **7** 17
nevrosi **4** 6
nevrotico **4** 1
niente da fare **1** 16
nobiltà **13** 15
noce **1** 3/ **1** 5
noioso **8** 17
noleggiare **10** 4
nome d'arte **15** 16
nominato **2** 1
non badare a spese **9** 1
non contare nulla **15** 10
non del tutto **7** 20
non è colpa sua **6** 7
non esserci da meravigliarsi **9** 14
non farci caso **13** 14
non fare (altro) che **1** 16
non farselo dire due volte **15** 10
non mollare l'osso **8** 1
non potere che ... **5** 14
non potere soffrire **13** 17
non poterne più di qc. **14** 11
non restare che **9** 13
non sapere che farne **13** 15
non volerne saperne di fare qc. **13** 14
nonostante **7** 17
nonsense **15** 16
norma **11** 11
Normanni **13** 4
nossignore **6** 13
notare **11** 16/ **12** 17
notizia **6** 13
notiziario **5** 18
noto **2** 15/ **11** 16
notte bianca **12** 1
novità **4** 17
nulla **6** 13
numero **4** 18
numero irrazionale **15** 10
numeroso **2** 9
nutrirsi **9** 1

o

oasi **2** 9
obbedire **7** 20
obiettivo **15** 6
oblò **r** 3
oca **11** 18
occasionalmente **r** 3
occhiali **1** 4
occhiali da sole **1** 5
occhio **r** 3
occidentale **3** 17
occorrere **2** 1
odore **2** 15
offendere **4** 9
offrire **2** 2
oggetto di valore **11** 9
oggigiorno **7** 20
ogni tanto **3** 13/ **7** 17
olivo **2** 2
oltre un milione **2** 9
ombrellone **7** 17
omeopatico **12** 10
omonimo **2** 1
ondulato **r** 4
onestamente **7** 12/ **13** 15
opera **11** 1
operatore **12** 10
operatore dell'informazione stampata e televisiva **15** 1
opinione **3** 18
opportuno **9** 9
ora di massimo ascolto **15** 10
orario di lavoro **3** 17
ordinato **1** 13
orecchietta **4** 1
orefice **3** 15
organizzare **8** 4
organo **12** 16
orgasmo **13** 5
orientale **3** 17
orginalità **8** 1
originario **5** 1
origine **2** 1
oro **1** 5
orologiaio **1** 4
orso **2** 9
ortaggio **9** 14
osare **4** 2
oscuro **15** 4
ospedale **5** 6
ospitare **2** 1
osservare **2** 9/ **5** 8/ **9** 6
osservatrice **10** 17
osso **8** 1/ **12** 16
osso sacro **12** 16
ostacolo **15** 1
osteopatia **12** 10
ottenere **8** 1
ottico **1** 4
ottimista **7** 9
ovvero **4** 17
ozono **8** 14

p

padella **7** 8
paese **4** 17
Paese **8** 1 /**12** 17
paga settimanale **7** 20
paglia **1** 8
palazzina **6** 7
palazzo **6** 13
palazzo nobiliare **10** 13
palese **14** 20
palla **6** 2
pancetta **9** 4
panchina **14** 12
pancia **9** 14
panino imbottito **15** 6
panorama **2** 2
pantera **11** 21
papà **7** 17
papavero **1** 11
paprica **12** 1
parabrezza **5** 11
paradossale **12** 1
parafango **5** 11
paragrafo **10** 14
paraurti **5** 11
parcheggio sotterraneo **8** 4
parchimetro **8** 19
parere **12** 14
parete **6** 5
pari a ... **12** 10
parlare per codici **15** 10
parlarsi **6** 13
parrucchiere **10** 1
parsimonioso **9** 1
parte **6** 8
partecipare **8** 7
partecipazione **10** 1/ **13** 7
particolare **14** 20
partire alla scoperta **2** 9
pasdaran **5** 14
passaggio a livello con barriera **5** 9
passarci sopra **9** 1
passare **2** 1/ **3** 2
passare a prendere **3** 11
passare guai **11** 21
passato **6** 7
passato di verdura **9** 14
passato remoto **10** 14
passeggero **2** 9
passione **2** 15
passo carrabile **8** 4
pastificio **3** 17
pastiglia **12** 8
pasto **9** 1
patente nautica **2** 1
patrono **5** 16
pattini **6** 8
pattuglia **5** 1
paura **1** 10
pauroso **11** 18
pavone **11** 18
paziente **7** 9
paziente (il) **12** 10
pazzesco **14** 14
peccato! **10** 11
pedalare **5** 1
pedale **5** 11
pedissequo **15** 1
pedone **5** 5
pelle **14** 20
pena detentiva **5** 10
pendolare **14** 1
penicillina **13** 4

racconto **4** 1
raddoppiare **8** 19
radicato **r** 3
radunarsi **14** 14
raffigurare **5** 6
raffreddato **12** 1
raffrontare **3** 13
ragazza **7** 6
raggio **5** 11/ **11** 21
raggiungere **2** 1/ **3** 11/ **5** 1
ragionare **7** 8
ragione di sicurezza **10** 13
rallentamento **5** 18
rallentare **5** 8
ramanzina **7** 1
rammollito **5** 1
rapinatore **1** 7
rapporto **3** 13/ **4** 16/ **9** 9/ **12** 17
rapporto sessuale **12** 17
rappresentare **11** 1/ **13** 15
raro **r** 3/ **2** 9/ **11** 16
rassegnarsi **12** 1
rasserenarsi **10** 13
rassomigliare **10** 18
razionalità **9** 1
razionato **8** 14
razza **11** 1
re **9** 11
realizzare **5** 14
recapito telefonico **3** 7
recarsi **7** 1
recensione **4** 2
recessione **2** 15
recuperare **11** 16
reddito **4** 17
reflessologia **12** 10
reggere **11** 10
regime di vita **12** 1
regista cinematografico **10** 12
registrazione **15** 1
registro della multe **14** 1
regola **4** 13
regolabile **3** 13
regolamento **7** 1
relativo **3** 4
relazione **11** 16
rendere efficiente **8** 8
rendere famoso **11** 21
rendere gratuito **8** 19
rendersi conto **15** 10/ **15** 8
rene **12** 16
reparto **3** 5
represso a metà **14** 20
resistere **9** 1/ **11** 16
resoconto **r** 4
resoconto complessivo **3** 13
respingere **14** 20
responsabile **3** 17
restante **8** 1
restarci secco **14** 6
restare in attesa di **3** 4
restarsene **13** 9
restituire **4** 12
retribuito **r** 3
riallacciare **13** 5
rialzarsi **3** 15
riappacificarsi **6** 13
riascoltare **r** 1
riattaccare **4** 13
riattivare **12** 16
riavere **1** 16
ribelle **10** 12
ricalcato **15** 7
ricambiare **6** 13
ricambio **15** 1
ricavare **9** 1
ricavato **15** 7
ricavato (il) **11** 1
ricchezza **13** 15
riccio **r** 4
ricerca **8** 1/ **11** 1
ricettario **9** 1
ricevimento **10** 1
ricezione **3** 7
richiamare **3** 3
richiamare l'attenzione **3** 13
richiamo **14** 1
richiesta **3** 8/ **14** 12
ricominciare **r** 1
riconoscersi **9** 1
riconoscibile **r** 3
ricorrere **15** 1
ricorso **12** 10
ricoverare in ospedale **11** 1
ridare **5** 11
riderci sopra **1** 16
ridere **3** 13
ridotto **2** 9
riempire **4** 13
rientrare **3** 8/ **7** 20/ **8** 1
rifare il letto **12** 3
riferire **3** 7
riferirsi **2** 15
rifilare **15** 10
rifiutare **12** 16
riflettere **9** 14
riforma **15** 13
rifornimento **15** 6
rifugiarsi **10** 13
riga **4** 1
rigido **4** 7
rigoroso **9** 6/ **9** 13
riguardare **7** 16
riguardo a **2** 9
rilassato **12** 17
rilevazione **15** 14
rimedio **11** 15/ **12** 1/ **12** 14
rimettere **4** 12
rimettere in funzione **7** 17
riminese **2** 15
rimozione della vettura **5** 10
rimpiangere **15** 15
rimproverare **13** 1
rincorrersi **6** 8
rinfresco **10** 4
rinnovare **9** 5
rintracciare **3** 9
rinunciare **8** 1
rione **11** 16
riparazione **5** 6
ripassare **14** 1
ripensare **10** 7
ripetizione **5** 10
riportare **4** 2/ **15** 16
riportare alla luce **2** 11
riportato **2** 2
riposo notturno **9** 14
riprendere **10** 13
riprendere servizio **3** 8
riprodotto **2** 14
riprovare a telefonare **3** 11
riscaldabile **2** 1
rischiare **9** 1
rischio **9** 14
riscontro **3** 4
riserva **2** 9
riservato **1** 13
riso integrale **2** 7
risorsa **12** 10
risparmio **10** 7
rispettare **5** 16/ **15** 10
rispetto **6** 8
rispolverato **8** 14
rispondere a monosillabi **7** 7
rispondere di ... **14** 1
ristoro **15** 6
risultare **3** 7/ **15** 14
risultato **12** 16
ritardato **15** 10
ritelefonare **3** 1
ritenere **11** 11/ **15** 10
ritiro della patente **5** 10
ritrovare **9** 14
ritrovarsi **9** 6
ritrovarsi con le spalle al muro **8** 14
riunione **3** 1
riunione di condominio **11** 12
rivelare **4** 17
rivelare senso pratico **9** 1
rivelatore di metalli **1** 1
riviera del Brenta **2** 1
rivista **4** 3
rivolgere una domanda **8** 1
rivolgersi a qn. **12** 16
Rivoluzione Francese **13** 4
roba da matti! **7** 5/ **14** 1
roba in scatola **12** 6
Rocca Scaligera **2** 2
roccia **2** 2
rogna nera **11** 21
romanico **2** 2
romantico **2** 2
rospo **11** 18
rossastro **14** 20
rotaia del tram **14** 6
rubare **11** 1
rumore **1** 6
ruolo prestabilito **7** 20
ruota **5** 5/ **5** 11
ruota a terra **5** 5
rustico come un orso **13** 15

S

sacco a pelo **4** 5
sadismo **15** 10
saggistica **4** 17
Sagittario **9** 1
sala esposizione **15** 1
sala operatoria **11** 19
salato **8** 19
salita **5** 14
saltare la colazione **9** 14
salto **2** 9
salturiamente **9** 14
salume **12** 1
salute **9** 9/ **12** 17
salutista **9** 9
salvare **2** 15
sano **2** 7
sanzione **5** 10
sapere **4** 16
sapone **15** 6
saporito **2** 12
sbandare **5** 13
sbuffare fumo **14** 1
scala **14** 6
scambiarsi le fedi **10** 1
scampagnata **15** 1
scandalo **7** 1
scapolo **r** 3
scappare **1** 1/ **8** 1
scarso **8** 1/ **10** 13
scartare **5** 1
scavalcare il guard-rail **5** 1
scelta **10** 4/ **15** 9
scemo **6** 8
scena **4** 17
scettico **12** 16
schema **8** 1
scherzo **4** 7
scherzosamente **8** 4
schiamazzo **6** 8
schienale **3** 13
schiera **8** 1
schietto **2** 9
scienze naturali **10** 13
scioccare **12** 4
sciocchezza **5** 1
sciopero **1** 19
sciovia **2** 9
scippatore **11** 16
scippo **11** 16
scivolare **14** 6
scomparire **7** 17
scomporsi **11** 16
sconforto **15** 10
sconosciuto **11** 9
scontrarsi **5** 13
scoperta **2** 9
scoppiare **1** 6
scoprire **13** 4
Scorpione **9** 1
scorrere **14** 20
Scozia **1** 11
scricciolo **11** 16
scritta **15** 10
scrupoloso **4** 7

superefficiente **12** 17
superficiale **5** 14
superiore **2** 6
superstrada **2** 1
supplichevole **4** 13
svelto **11** 16
svogliato **1** 13
svolgere **r** 3
svolgersi **11** 6
svolta **9** 14
svuotare **11** 9

t

tagliando **15** 1
tagliare **10** 4
tale **15** 10
talmente ... che ... **9** 1
talvolta **13** 17
tanto che **12** 17
tappa **2** 8
tapparella **11** 9
tardo-gotico **2** 2
targa **5** 11
tassa **r** 3
tasto **3** 13
tecnica di rilassamento **12** 17
telaio **5** 11
temere **11** 1
temperatura **15** 10
temporale **1** 6
tenda **4** 5
tendere **9** 1
teneramente **7** 1
tenere a qc. **4** 12
tenere con cura **4** 6
tenere custodito **4** 6
tenere il gatto **9** 12
tenere nacosto **6** 13
tenere occupato **9** 14
tenerezza **10** 13
tensione **12** 17
tentativo **14** 20
terapia **12** 7
tergicristallo **5** 11
termine **10** 13/ **15** 1
terrazzo condominiale **11** 6
terribile **12** 8
terribilmente **13** 15
teso **6** 13
tesoro **4** 6
testardo **1** 12/ **4** 1/ **11** 10
testardo come un mulo **1** 12
testimone **10** 1
tetto **8** 1
Tg2 **8** 1
ticchettio **3** 13
timido **1** 11/ **1** 13
timore **9** 14
tipo **3** 13
tipo duro **11** 21
tirare aria **11** 21
tirare giù **13** 5
toccare a qn. **7** 17
toccarsi **11** 16
toccasana **12** 1
togliere la multa **1** 16
tollerante **8** 4
tolleranza **6** 8
tornare indietro **1** 16
tornarsene **13** 10
Toro **9** 1
tosse **8** 6
tra l'altro **1** 7
traccia **9** 1/ **14** 20
tracollo ambientale **8** 14
tradire **15** 10
traditore **15** 10
traduzione **15** 17
tragitto **5** 14/ **14** 1
tramite **11** 1
tranello **9** 14
tranne **4** 17
tranquillità **2** 9
trarre **r** 3
trascinare **15** 10
trascurare **14** 12
trasgressione **9** 9
trasmissione radiofonica **1** 3
trasporto pubblico **8** 19
trattare **4** 12/ **13** 15
trattarsi **r** 3/ **9** 1
trattenimento **15** 1
travisato **15** 1
treccia **1** 4
trecentesco **2** 2
treno locale **14** 1
tribuna politica **15** 7
tribunale dei minori **11** 16
tronco inferiore **12** 16
trovarsi uniti **7** 1
truccato **11** 19
tubo di scappamento **5** 11
turgido **r** 3
turpe **15** 10
tuttavia **8** 1
tutti e due **1** 10
tutt'al più **12** 1

u

ubriacarsi **12** 9
ubriaco **1** 12
ubriaco fradicio **1** 12
uccello **3** 13
uccidere **9** 11/ **13** 4
ufficio commerciale **3** 17
ulcera **12** 17
ultimamente **12** 16
umile **2** 15
un attimino **7** 7
un giorno sì e uno no **10** 13
una maggioranza relativa **8** 1
unico **4** 16/ **9** 6
universo **7** 17
uovo al tegamino **9** 1
urlare **13** 5
usar tutta l'arte **13** 15
uscirsene **4** 17
uso **5** 14
ustionato **2** 15
utile **10** 1
utilizzare **4** 13/ **12** 10

v

vagabondo **8** 9
vagheggiato **13** 15
valere **4** 17/ **11** 1/ **14** 1
valutare **11** 16
vanitoso **4** 1
vantare **5** 14
vario **3** 17/ **12** 17
vecchiotto **7** 17
vegetazione **2** 2
veicolo **8** 19
veicolo privato **8** 19
veleno **8** 14
velocità **5** 6
vendere **13** 5
venire a trovare **9** 12
venire da ridere **3** 13
venire fuori **11** 21
verbale **11** 16
Vergine **9** 1
vergognoso **4** 17/ **6** 8
verificare **8** 1/ **8** 3
verificarsi **11** 6
vero e proprio **11** 1
vertigine **12** 6
vescica **12** 16
vespa **5** 12
vestirsi **8** 9
vetro **11** 6
vettura **5** 10
via ... **2** 1
via d'uscita **8** 15
viabilità **5** 18
viaggio di nozze **10** 1
viale di accesso **6** 13
vicenda **11** 1
vicendevolmente **13** 4
viceversa **8** 2
vicinato **6** 15
vietare **7** 1
vigneto **2** 2
villetta **8** 13
vincita al lotto **6** 13
vincitore **8** 1
violino **1** 4
vipera **11** 18
visita **12** 1
visitatore **2** 9
viso **r** 3
vistoso **1** 13
vitale **3** 17
vittima **5** 14
vitto **12** 1
vittoria **8** 1
vivace **6** 2
vivacemente **14** 20
vivere **9** 14
viziaccio **4** 6
vocabolario **7** 8
vocabolo **15** 1
voce **4** 13
voce per voce **10** 1
voler dire **9** 1
volgare **14** 20
voliera **3** 13
volpe **11** 18
volpino **11** 1
voltarsi **11** 16
volto **10** 12
volume **2** 15
vuoto **4** 13

z

zabaione **8** 10
zampa **11** 1
zanzara **2** 15
zigomo **1** 4
zoccolo duro **8** 1
zona **2** 9/ **12** 16
zona notte **2** 1
zona pedonale **8** 19
zone retrostanti **15** 10

ELENCO DELLE FONTI

Prima di copertina: © ZEFA-Masterfile (M. Tomalty), Düsseldorf
Pagina 10: Testo: da «Camere separate» di P. V. Tondelli, casa editrice Bompiani,
© Antonella Antonelli Agenzia Letteraria srl, Milano; Foto: © Grazia Ippolito, S. Maria Hoé
Pagina 26/27: Testo da «Gente Money» 5/94
Pagina 30: Dalla Carta Stradale d'Italia 1:800000 del Touring Club Italiano. Autorizzazione del 9 ottobre 1995
Pagina 34: Testo: da «il Giornale» 2/7/94
Pagina 37: Testo: da «Prima o poi l'amore arriva» di Stefano Benni © Giangiacomo Feltrinelli Editore, Milano
Pagina 37, 108, 119, 149, 179: Disegni di Laura Cusimano
Pagina 46: Testo: da «Uccelli da gabbia e da voliera» di Andrea De Carlo, © 1982, Giulio Einaudi Editore S.p.A., Torino; Foto: © dpa (servizo fotografico)
Pagina 53/57: Foto di Klaus Ott, München
Pagina 58: Testo: da «Navi in bottiglia» di Gabriele Romagnoli, 1993 Arnoldo Mondadori Editore, Milano; Foto: © Grazia Ippolito, S. Maria Hoé
Pagina 59, 137, 199: Interviste: by Antonio Pellegrino
Pagina 60: Testo: «I libri che non comprerete» di Roberto Cotroneo da «L'Espresso» 5/1/95
Pagina 63: Testo: da «La Repubblica», 27/7/94; disegno © Jezek
Pagina 72: Testo: «In città pedalando» (dal mensile Eco, La nuova ecologia, Aprile 1995)
Pagina 81: Testo: da «Epoca» 23/12/95
Pagina 84: Testo: da «Così parlò Bellavista» Grandi & Vitali, Milano; Foto oben: © dpa (Bernhart)
Pagina 86: Testo: da «Corriere della Sera» 26/3/94
Pagina 93: Foto di Jens Funke, Monaco
Pagina 98: Testo da «Anna» 16/6/93, Pandis Media GmbH, Monaco; Foto: a destra H. Gaerte
Pagina 104: Testo: da «La Stampa» 7/1/95
Pagina 112: Testo: da «La Repubblica» 26/10/94; Foto: © by Massimo Sestini
Pagina 116/117: Testo: da «Sale e pepe» 94, A. Mondadori Editore, Milano; disegni: © Patrizia Carra, 1994 Milano
Pagina 121/124: Testo: da Starbene 9/91, Arnoldo Mondadori Editore, Milano (Rossana Cavaglieri)
Pagina 122: Da: «Panorama» 17/2/95 (Romano), Antonio Mondadori Editore, Milano
Pagina 127: Testo: da «Anna» 2/3/94, Pandis Media GmbH, Monaco
Pagina 134: Testo: da «Và dove ti porta il cuore» © Baldini & Castoldi, Milano; Foto: © Grazia Ippolito, S. Maria Hoè
Pagina 137: Foto di Host-Ivessich Marco, R.C.S. Editori SpA, Milano
Pagina 139: Testo: da «Il Resto del Carlino» 5/6/94
Pagina 142: Società Editorale Ass., Milano
Pagina 146: Testo: da «Corriere della Sera» 15/3/94
Pagina 150: «La Ballata del Cerutti» di G. Gaber, M. Angiolini, U. Simonetta: © 1961 by Radio Record R. R. R. S. R. L., Milano
Pagina 152: Testo: da «Siamo spiacenti di», Foto: © Arnoldo Mondadori Editore, Milano
Pagina 157: Testo: da «Starbene» 2/95 © Arnoldo Mondadori Editore, Milano
Pagina 159: Schering-Plough, Milano
Pagina 162: Testo: da «Top Salute» Dicembre/Gennaio 1995 © Gruppo Alberto Peruzzo Editore, Sesto San Giovanni; Foto: Werner Bönzli, Reichertshausen
Pagina 167: Foto: in alto e in basso a sinistra Christa Elsler, Historisches Farbarchiv, Norderney; in basso a destra dpa
Pagina 168: Foto: dpa (Biber)
Pagina 176: Disegno: © Giuliano Rossetti, Firenze
Pagina 178: Testo: da «La Repubblica» 24/6/94; disegno: © Jezek
Pagina 189: Testo: da «Il Gattopardo» © Giangiacomo Feltrinelli Editore Milano, 1969; Foto: Kinoarchiv Peter W. Engelmeier, Hamburg
Pagina 192: Testo: da «La Repubblica» 9/1/94
Pagina 196: Testo: da «La Repubblica» 29/12/93
Pagina 200: Testo e illustrazione da «Si fosse n'auciello» di Antonio de Curtis © Studio Legale, Roma
© I.G.D.A., Milano (pagina 26 a sinistra in alto: G. Garfagna, a destra in alto e a sinistra in basso: G. Cappelli, 31: G. Garfagna, 33 a sinistra in alto: A. Degli Orti, a destra in alto: A. Vergani, a sinistra in basso: S. Vannini, 34: P. Jaccod, 36 a sinistra in basso: G. Garfagna)
Tutte le altre foto: © Linda Cusimano, München (Pagina 15 in alto, 33 in alto e in basso al centro, a destra 36, 48 in alto, 59, 60 a destra, 73, 75, 84 in basso, 91, 98 a sinistra, 111, 118 in basso, 128, 129, 141, 160, 188, 193, 194)
© Corrado Conforti, Eichstätt (Pagina 9, 13, 15 in basso, 26 in basso a destra, 45, 47, 48 in basso, 60 a sinistra, 74, 81, 83, 86, 89, 105, 106, 118 in alto, 130, 154, 180, 185, 196, 198)

L'Editore è a disposizione degli aventi diritto con i quali non è stato possibile comunicare nonché per eventuali involontarie omissioni o inesattezze nelle citazioni delle fonti.

Finito di stampare nel mese di novembre 2002
da Guerra guru s.r.l. - Via A. Manna, 25 - 06132 Perugia
Tel. +39 075 5289090 - Fax +39 075 5288244
E-mail: geinfo@guerra-edizioni.com